Barndom i Møgeltønder marsken

Elise Madsen – Brandt

Erindringer 1849 - 1930

Gammeldig, Østerby, Møgeltønder, Tønder

2. udgave
udgivet af Carsten Stern

Lise Madsen Brandt
26.8.1849
Gammeldig
—
10.5.1939
Tønder

Foto ved folkeafstemningen 1920 i Tønder

MADSEN
Mads
Bauer-gaardmand-Husmand

Birth: January 16, 1806
Møgeltønder, Dk

Marriage: January 10, 1843
Møgeltønder, Dk

Death: August 8, 1859
Østerby (Daler)

CHRISTENSDATTER
Else

Birth: January 8, 1817
Dyreby (Henne Sogn), Dk

Marriage: January 10, 1843
Møgeltønder, Dk

Death: December 31, 1898
Tondern/Tønder, Dk

MADSEN
Andrea Elise Marie

Birth: August 26, 1849
Gammeldig/Vidå, Dk

Death: May 10, 1939
Tønder/Tondern, Dk

Marriage: November 27, 1878 - Tondern/Tønder

BRANDT
Carl Theodor, Gärtner
Birth: about 1852 - Elbing/Westpreußen

BRANDT
Else

Birth: August 31, 1879
Tondern/Tønder, Dk

Death: January 27, 1886
Flensburg

BRANDT
Max

Birth December 7, 1881
Tondern/Tønder

Marts 13, 1917
Tondern/Tønder

BRANDT
Malwine

Birth: April 5, 1885
Bredebro

October 12, 1949
Abenrå

Kindheit und Jugend
in
Gammeldig, Østerby, Møgeltønder, Tondern

Elise Madsen - Brandt
Lebenserinnerungen 1849 – 1930

2. Auflage

herausgegeben von Carsten Stern

Text, Umschlaggestaltung und Satz: © Carsten Stern, Hamburg, 2013
Dansk redaktion og oversættelse tysk-dansk: Traute Bonnichsen, Tønder
Übersetzung dansk-tysk: Carsten Stern

ISBN 978-3-7322-3756-2

Herstellung und Verlag: BoD - Books on Demand, Norderstedt, 2013

Inhold   Inhalt

1. Forord 9
2. Den originale danske tekst 11
3. Theodor Brandt „Die Anlage von Hausgärten in Haide-Gegenden Schleswig-Holsteins"
   Titel og Inholdsfortegnelse
   Titelblatt und Inhaltsverzeichnis 29
4. Udvalgte sider fra Lises manuskript 31
   Ausgewählte Seiten aus Lises Manuskript
5. 1770-1880 Madsen familien i Møgeltønder 33
6. Einführung in die deutsche Übersetzung 41
7. Die deutsche Übersetzung 43
8. 1770-1880 Madsen-Familie in Møgeltønder 63
9. Høgsbro–Hvidding: Theodor Brandts havedyrkning = Gartenanlage
   Slutpassage af Theodor Brandts bog
   Schlußkapitel aus Theodor Brandts Buch
   Deutsches Original in Kopie 69
   Dansk oversættelse 73
10. Epilog dansk/deutsch 75

Tillæg   Anhang

1. Folketællingslister, Volkszählungslisten 78
2. Slægtavler Madsen familien 84
   Stammtafeln Madsen-Familie
3. Kilder Quellen Bildnachweis Literatur 89

Tønder 1:50.000, Blad 1111, 1971

1.   Forord

Elise eller Lise Madsen levede fra 1849-1939. Hun var datter af en landsmand ved Åen, som senere flyttede til Østerby ved Møgeltønder, hvor han arbejdede som hedebonde. Som 80årig skrev Lise om hvad hun havde oplevet i livet. Særligt børne- og ungdomsårene havde præget hende. Hendes opvækst havde hun i Gammeldige og Østerby ved Møgeltønder – dengang kongelige enklave endnu i danske tid. Familien kom fra Ved Åen, Gammeldige og Møgeltønder. Alle pårørende levede i nærheden – Stokkebro, Toghale, Sødamgård, Visby. Det dengang mest tysksprogede Tønder lå i hendes barndom langt borte. Lise voksede op i en tid, hvor man strøede sand på lergulvet i den fine stue når præsten kom på besøg og hvor man om aftenen ved petroleumlampens lys sad og kniplede. Som 14årig sluttede skolegangen og man kom ud at tjene ved fremmede. I tysk tid fra 1864 kom Lise senere til Tønder/Tondern for at lære tysk. Hun blev gift med en tysk gartner langt nede fra Tyskland – Ermland. Han arbejdede som gartner i Hotel Stadt Hamburg. I sine erindringer navne hun ikke en eneste gang sit fornavn.
Lise forblev altid dansk sinded. Hun var en jordbunden, hjemstavnselskende kvinde, hvor imod hendes mand Theodor Brandt var det modsatte. Hun fulgte ham først til Tønder så til Hvidding ved den daværende grænse og senere til Bredebro. Men hun tog også med ham til hans altid nye arbejdspladser i det tyske Kaiserrige, til Rhinen – Düsseldorf, til Østpreussen – på et gods og til Königsberg. Så tilbage til Slesvig i Angeln og igen til Sønderjylland. Theodor Brandt var nok både en teoretisk og praktisk en successrig – i dag ville man sige – havearkitekt.
Lise fik tre børn, som var hendes et og alt. Megen glade, men også sorg måtte hun opleve. Den yngste datter Else døde som 6årig af difteri og sønnen Max blev kun 37 år og døde 1917. Kun Malwine overlevede moderen. Theodor Brandt døde af psykiske syg. Lise levede alene med Malwine i Tønder i Danmark de sidste tyve år af livet.

Livserindringer er et billede af en svunden tid. Livet på landet i de dansk/kongelige Slesvig fortælles, så man får et indtryk af hvor nøjsomme mennerskerne var og hvor de klarede store vanskeligheder (stormflod) og alligevel var tilfredse. Man får også et indtryk af Tønder og omegn i tysk tid hvor blandt andet jernbanen blev bygget. Før var en rejse fra Møgeltønder til Visby en oplevelse, men nu kunne man rejse med toget fra Tønder til Düsseldorf eller over Berlin til Østpreussen. Lise beskriver livet i det fremmede og klasseforskeller, som hun oplevede i Østpreussen.

Den første tosprogede udgave (Lises erindringer) skrev Carsten Stern i 1983 og man kan finde den i danske og tyske biblioteker. Dette her eksemplar er det 2. oplæg med fotografier og nogle gengivelser af Theodor Brandts bøger samt uddybning i familieforskningen om familie Madsen i Møgeltønder/Østerby og omegn.

Carsten Stern er et oldebarn af Lises yngre søster Caroline, som var gift med smed Steffen i Tønder. Caroline døde 1928 i Tønder, Lise døde 1939.

Den følgende tekst er på originalsproget dansk, og alle 48 sider er skrevet med gotiske bogstaver og store forbogstaver. Teksten er skrevet i 1929/30.

Afskriften er en fotokopi af originalen, som Carsten Stern dengang i ca. 1980 havde i hænde. Efter nogle dødsfald i familien er originalen desværre gået tabt.

Årstællene er indsat af udgiveren. „Ö" i stedet for „ø" er skrevet som i originalen. De fleste gange har udgiveren Carsten Stern hvor Lise har sat komma, sat punktum – for at gøre teksten bedre læselig.

Og endelig: i familien hed Lise kun „Oma Lise".

2. Den originale danske tekst

Med Gud

Vil jeg gjerne fortelle lidt fra min Barndomstid. Jeg er födt paa Gammeldig den 26 August 1849. Min fader var Gaardmand Mads Madsen, födt i Slotskroen i
1849
Mögeltönder, min Moder Else Madsen födt Krestendatter.[1] Hun var födt i Kirkebye Henne Sogn, ved Varde. Vi var 5 Söskende, 2 Eldre 2 yngre som jeg. Vi havde et godt og kjerligt hjem, om Sommeren var det jo deiligt der. Hvor vi kunde tumle os i det blöde Gras. Min Moder sagde altid, jeg var saadan en lille Vogehals, naar vi skulle bringe avisen til Naboen. Min Broder var 2 Aar eldre. Han var forsigtig. Han lagde först avisen under Leiet, ogsaa sin Kasket ovenpaa, saa kravlede han selv bagefter. Men jeg skulde altid kladre op ved. Om Vinteren var vi jo helt indsluttet. Da var jeg 5
1854
Aar havde Södster Lene Bröllup og Södster Sofia blev döbt. Det var i Februar. Hele Familien og Naboer var indbudt, og Pastor Sonne og Fru fra Mögeltönder. Da star Vandet saa höit at de ikke kunde komme heelt i Land med Baaden. Fruen maatte de bere i Vand og Predsten maatte vade og har törre Strömpe og Stövle paa. Uveieret tog til saa de först den nadste dag kunde komme tilbage. De fleste af Gjesterne blev i 3 dage. De har Moder ofte fortalt om. Men det hjolp jo. Hun havde alt i Huset. Vi havde jo Köer, Faar, Svin, Höns, Gjes og Ender, og altid frisk Fisk i Hytfadet. Ellers var det jo ikke saa nemt med saa mange Fremme paa Engang. Men det var jo ogsaa dobbelt Hojtid.

Med Skolen var det jo ogsaa besverlig. Om Vinteren kom der en Læhrer et par gang om Ugen for die 2 eldre Södskende. Der var jo ogsaa mer Börn i Nabolaget. Om sommeren skulde de til Mögeltönder. Engang om Sommer fik vi Besög af min Bedstefader nede fra Jylland. Jeg kann saa godt huske, han havde en megtig stor Hat paa, en lang kjole, Knebuxe, sprenglede Strömpe, og Sko med Spender paa. En lang Stok i den ene Hand og en lille Tadske i den anden. Ham kom tilfods fra Mögeltönder. Han er jo kommen med Podsten til Mögeltönder, da var befordringen ikke saa hurtig som nu.

---

[1] Mads Madsen – 16.1.1806 - 8.8.1859 – havde som forældre Hans Hinrich (Hendrik) Madsen – 11.7.1775 Ved Åen – 29.1.1830 Møgeltønder – gårdmand og kromand i Møgeltønder slotskro - og Christiane Petersen 12.10.1785 Stokkebro – 26.6.1860 Møgeltønder.

Saa har fader ogsaa været ude med heele Familien. Vi havde en stor Gammeldags federvogn med 3 Stole, der var plads til mange, ogsaa et par gode Hedste derfor. Saa kunde det jo nok gaar, for Veierne var kun darlige dengang. Huset hvor vi boede er lengst forsvunden, men den lille bakke, hvor det stand, er jo endnu tilbage, og den dejlige frugtbare Mark.

1855

Da jeg var 6 Aar solgte min Fader Gaarden og kjöbte et Landsted i Osterbye. Jeg troer det kodstede min Fader mange Penge, og meget arbeid, for det var Hedeland som skylde opdyrkes.[2] Der blev mangen hvid Sand udgravet som blev vaadsket og solgt. Dengang blev det jo brugt at ströe paa Gulvet, det var jo denne tids Mode.

Nu var jeg 6 Aar, nu skulle jeg til skole. Der i Byen laa et lille Bakhus, der stod et langt Bord med 2 Benke. Vi var 17 Börn. Der gik jeg de förste 2 Aar. For os Börn var det jo deiligt, vi kunde jo tidt besöge Bedstemoder i Mögeltönder. For dengang var det jo ikke saa slet at gaar et lille stykke Vei.

Tidligere var hyttefadet almindeligt bl.a. i havnebassinerne. Det har huller, og holder sig flydende med levende fisk. Her: i Rudbøl søen.

Hyttefadet tages op.

Bedstemoder besögte os ogsaa ofte. Jeg kann saa godt huske hende, naar hun kom i hendes hjemvævede Kjole, en lille Straahat, hvide Strömpe og sorte Baststings skoe. Saa gik hun og strikkede paa en Strömp. Hun kom altid tilfods. Saa gik hun fra Visbye, der havde hun en datter gift med Denpe Thomsen.[3] Disse Vandringer gjorde hun saa længe hun kunde.

1856

Det förste Aar vi boede i Osterby, blev min yngste Södster Karoline född.[4] Saa var vi 6 Söskende. Da jeg blev större, kom jeg med til Dahler i Skole. Der var mange Börn der var fra Dahler, Osterby og Gjerrup. Der var en deilig Skole, med mange Vinduer og höit til Loftet omendskönt den var gammel. Vi var vist om 60 Barn. Det syntes jeg bedre om som i det lille Bakhus. Ogsaa naar det gik ind mod Julen, at vi skulde have Julefest. Hvilken glade var det, det var ikke med Juletræ som nu, det kendte vi ikke

---

[2] Hos Trap, Danmark, Tønder Amt, 1960, s. 653 heder det vdr. Østerby: „De tidligere hedeomrader mod nø er nu opdyrket." Ejendommen var Nørrehedevej 19 (Landsarkivet for Sønderjylland, maj 2013).
[3] Åbenbart Enevold Thomsen, 1855 46 år gammel: i folketællingslister 1855 i Visby boer han med Hanne Marie Madsen, 43 år gammel og hun født i Møgeltønder, sammen med 4 barn.
[4] Karoline * 31.5.1856, senere gift med smed Hinrich Steffen i Tønder, var forfatterens tipoldemor.

dengang. Vi bragte hver 2 Fierskilling med. Saa var alt tilside sat i Skolen. Der blev Bordene dekket, saa gav det smaa Anis Kringler og Zvibak og saa mange kaffe som vi kunde drikke. Saa spillede Læreren paa Violine og vi sang og herefter blev pakt, indryttet, saa skulle vi til at danse. Vi sprang om paa Gulvet efter Musikken. Vi var saa glade og taknemmelige for den store fedst som blev os givet. Lykkelige Barndomstid.

1858
Da vi havde boet om 3 Aar i Osterby, blev min Fader syg og döde.[5] Det var et hard slag for min Moder, min eldste Södster [Anna ✳ 1843] star for Konfirmationen. Min fader han döde den 8. August 1858. Da blev jeg 9 Aar den 26. August, saa en dag fik vi megen Besög. Mange fremmede herre. Saa fik di Frokost, da di kom op om Eftermiddagen. Da de vare ferdige, spidste di til Middag hos os. Det var nemlig Skifteretten. Deriblandt var Hærdesfogt Kjær og Saaltlund [?]. Og Södster Lene var for at hjelpe Moder. Vi Börn havde jo ingen Anelse om hvad den dag havde at betyde for os. Der blev jo Formynde indset for Moder og for os. Da Södster Anna var konfirmeres, kom hun til Onkel og Tante paa Sjödamgaard, ved Mögeltönder, og min Broder kom til Stokkebro til Peter Jörgensen. Det var sin Formynder. Der skulle han bliver til han var konfirmeret. Saa var vi jo endnu fire hjemme hos Moder.

Saa kom jeg hen til en gammel Kone og lære at kniple, det var jo noget nyt for mig. Jeg sad med Ryggen til Vinduet, lidt nysgerrig har jeg heelt bestemt været. Den gamle Kone var 82 Aar. Hun kniplede det deilige Rosenmönster, mit Mönster blev kaldt Heit og Marn. Hver Onsdag og Lördag eftermiddag naar jeg havde fri for Skole, kniplede jeg. Om aftenen skulde jeg jo lære min Lektion.

Østerby landskabet i April 2013 – 150 år senere

Vi havde jo ikke saa meget at lære. Vi havde en Lærebog, Luthers lille Kattekismus, en Bibelhistorie, et lille Tillæg, og Gögnfalds Regnebog og en Salmebog.

---

[5] I kirkebogen står som bemærkning til den 8. August 1858: „död af Vattensot og Guuldsot. Destomere haad han været drikfældig, dog erkjendte han sin feil og tog imod Renselse." Daler kirkebog, Døde,1858, Nr. 5

Nu var jeg jo den största hjemme. De tre smaa kom jo altid tidlig i Seng. Saa bad jeg imellem Moder om at gaar hen til de Gamle om Aftenen, for jeg vilde saa gjerne se den belysning de havde. Det var et lille styk Blek med Olie i og der laa en lille dukt som en svovlstik, og den laa og brendte i de lidt olie. Den blev fastgjort ved Loften, saa kom der 2 store Glaskugle fyldt med Vand paa hver Side. Det gav et klart lys paa Arbeidet, som man godt se på billedet s. 46. Den gamle Kone kniplede, den unge syede. Den gamle Mand var ogsaa 80 Aar. Han strikkede paa en lang strömp. Og Sönnen som ogsaa ikke var ung, han havde at knippe halm og snoede reet [?], som de brugte naar Huset skulde tækkes. Stuen var jo heelt mörk, det lydste blot paa Arbeidet. Nu har vi det store deilige Lys, maaske er vi ikke altid saa flittige som di var dengangs. Saa fortalte de mig fra deres Barndom. Der havde de havt Hunger og dyrtid. Brödet havde været saa knap at det blev dem tildelt. Det havde jeg godt af at höre. Saa syntes jeg, hvor vi havde det godt. Vi kunde faa godt Bröd, Smör og det gode Melk. Kl 8 ½ skulde jeg være hjemme for skulde jeg med Moder ud at melke. Og naar vi 2 var ferdig, saa fik vi Aftensmaden[?], det var lidt opvarmet kaffe og et stykke Bröd. Hvor smagte det godt.

1859
Nu er den första vinter gaaet efter Faders död. Til första Mai kom jeg ogsaa ud at tjene, hos Moders Fatteren [?] en gammel Bonde Nis Hansen, som havde en eldre Husholdske. Jeg sov hos hende om Natten, om dagen lengtes jeg ikke, men om Natten vilde jeg staar op i Sövnen, saa vilde jeg hjem til Moder. Saa kaldte hun paa mig saa jeg blev vaagen, saa kravlede jeg rask under Dynene. Jeg kann saa godt huske det. Jeg havde det rigtig godt der. Jeg blev godt tilsat i Huset og hver dag tilmarks og hente Köerne hjem. Og den första November havde jeg fortjent 3 Rigsdaler og et par Tresko. Saa gik Vinteren jo igjen sin sedvanlige gang.
Jeg var saa glad jeg kunde komme i skolen igjen. Det var saadan en slags Ferie for mig, og sidde i den gode varme Skole. Og Knippleskrinet kom jo ogsaa i gang igjen. Og naar det gik ind mod Jul, saa skulde jeg hjelpe Moder. Saa blev der slagtet, Lys stöbt, bagt, vadsket og rengjört. Det var en travl Tid. Lysene til Jul skulde altid være lidt tykkere som sedvanlig. Juleaften fik vi altid Gaasesteg og Surkaal, til lille Juleaften gav det altid Ebleskiver, ogsaa Kongeaften, da kom der 3 Lys paa Bordet. Julegave som nu kendte vi ikke. Vi kunde nok faa en Mand eller en hedst med röd sukker paa. Men den blev opbevaret, den kunde vi ikke vove at spise. Hjertet var full af glæde.
I Juledagene kom min Broder Hans Hendrik jo hjem. Jeg hudsker saa godt, den sidste aften han var hjemme, havde vi Fremmede, Naboerne, og vi vilde saa gjerne lytte til hvad de fortalte. Men da kl. 8 skulde min Broder til Stokkebro, for at være hjemme til kl. 9. Jeg var 10 aar og min yngre Södster var 8. Vi 2 skulde jo fölge ham over Broen ved Stokkebro, for det spögte der altid, blev der fortalt. Maanen star saa deilig paa Himlen og Sneen knarkede under Födderne, et prægtig Veir var det. Men det var dog

saa kjedeligt vi skulde fra Fedsten derhjemme. Saa da vi var et godt stykke paa Veien, kom jeg i Tanker paa, at det var ret vilsom at gaa, omendskjönt det var saa lyst som midt i dagen. Vi besluttede os rask og vendte om. Saa kom vi jo hjem og forklarede at vi kunde ikke see, det var saa vilsomt. Saa stod vores Nabo af og sagde, saa skal jeg nok fölge dig lille Hendrik. Saa matte den stakkels Broder jo dog afsted; den gik ikke.

1860

Nu havde vi den första Mai igjen. Saa kom jeg ind til min Onkel og Tante paa Sjödamgaard.[6] Der var Södster Anna. Om Vinteren kom jeg hjem at gaar i Skole og saa til Knippelskrinet. Der fik jeg 3 blanke Daler og en ny Kjole. Jeg var lykkelig naar jeg kunde bringe Moder den.

Den nedste Sommer kom jeg derhen igjen. Jeg hudsker det var i Hödsten. Vi skulde ud paa Værr ved Hoier at slaa Gras. 2 Karle 2 Fetter og jeg. Saa fik vi först godt Kaffe, Kage og bröd, og en stor god Madkurv med. Kl. 1 skulde vi afsted. For det var jo en lang vei. Jeg havde min Katuns Kjole paa, Stömplinger og Tresko paa og en god varm Jakke paa, for det var koldt om Natten. Og Vognen rullede saa langsom hen i Nattenstille. Da vi saa kom til Maalet, blev Hedstene fraspent, Madkurven godt tildukket med uldne dekke som vi havde med. Saa imidlertid blev det jo ogsaa lyst saa kunde Arbeidet jo begynde. Det var en lang Omgang jeg kan hudske. Grasset var saa kort og saa tykt. Jeg fik store Vable i Henderne af Riveren. Jeg maatte have et Törklæde om Handen. Först blev der Arbeidet hen til kl. 11. Saa blev Grasset for tör. Saa fik vi noget godt at spise, saa blev Leerne skerpet, og saa en god Middagssove til kl. 4. För kunde di ikke begynde. Saa blev de ved saalange di kunde seer. Herefter gav det jo Aftensmad og saa skulde vi jo sove under Guds fri Himmel. Saa blev Grasset samlet, vi viklede os ind i uldne Dekke. Alt var saa stille, blot Havfuglene skreg lidt. Jeg var tret, jeg sov snart ind. Dagen grynde skulde vi jo op igjen, for at bliver ferdig. Da vi saa kom hjem, havde tante og min Södster et godt Bord dekket til os. Hjemme ved Huset var det jo anderledes. Der skulde vi vade i Vandet for at faa Höet op, saa blev det jo opkjort paa det törre. Saa var min Södster ogsaa med. Saa gik det med bare Been, saa kom min Tante med Kurven med en stor Kjedel Kaffe. Og saa havde hun bagt smaa Ebleskive. O hvor smagte det godt. Det var min Barndoms Gymnastik.

En Söndag var min Södster Anna i kirke i Møgeltønder. Der havde hun hört af Södster Lene, at vor 3 Södskende laa hjem i Meslinger. Saa bad jeg min Tante om at gaar hjem at see til dem. Tante vilde ikke gjerne tillade mig det for det kunde smitte. Men jeg var ikke bange og saa fik jeg ogsaa lov. Mine 3 Södskende laa med höj feber. Jeg var dog glad at have seet og talt dem. Et par dage efter da vi var paa marken, blev jeg syg og

---

[6] Anna, hendes fars søster, var gift med Hans Hendrik Sønnichsen fra Sødamgaard syd fra Møgeltønder. Dengang, 1860, var Hans Hendrik Sønnichsen ogsaa værge til Lises søster Anna (samme navn som sin tante !) og Lises søster Anna boede hos ham og Tante Anna.

maatte hjem i seng og fik Meslinger og maatte ligge i 14 Dage. Men jeg kom mig dog hurtig igjen derefter.

I Hjemmet har vi haft Bryllup. Min Moder giftede sig igjen, med vores Naboe Andreas Skau. De havde et lille Landsted ved siden af os. Nu da sommerem var til ende, syntes Tante jeg kunde komme til Gallehus, der boede min Kusine, som var gift med Matthias Stind.[7] Saa kom jeg om Vinteren til skole i Tjoghale hos gamle Jessen. Hos Matthias Stind var der 4 Börn og meget at bestille. Men der var jo en Pige med.

1862

I Foraaret var jeg ude at slaa Molker [?] ud. Da havde jeg Kighoste, da tenkte jeg meget paa Hjemmet. Den anden Pige skulde jo med til Marks, jeg havde fuldag hjemme at gjöre, derfor skulde di klade mig. Saa var det endag sidst paa sommeren, det var en Söndag, den anden Pige havde fri. Saa skulde jeg om Eftermiddagen at derude til Mögeltönder, men jeg skulde strax komme tilbage. Da jeg kom op til Södster Lene var di ved og binde en krone til Vedsterkroen. Saa jeg skulde vente og see, til den var ferdig. Der kom saa mange Blomster og Baand, den var jo ogsaa deilig. Men tiden var gaaet for hurtig. Jeg kom for sent hjem, og min Kusine var meget vred da jeg kom. Nu skulde jeg hurtig klede mig om og hente Köerne hjem. Det er vist gaat lidt langsom, for min Kusine tog mig ved Haanden, og hjolp lidt, til saa jeg flöi hen imod dören og den sprang op, vek var jeg. Jeg löb alt hard jeg kunde hjem, og fortalte mine Foreldre det. Jeg maatte gjerne bliver hjemme, for mine Tante havde slet ikke spörget min Moder om jeg maatte komme derhen. Den neste dag kom Matthias Stind og vilde hente mig, men jeg vilde ikke med. For jeg havde jo ellers altid været hjemme om Vinteren. Saa havde di jo ogsaa plads til mig endnu.

Nu havde jeg ogsaa faaet en lille Broder, som jeg var meget glad ved. Men jeg var ikke lange hjemme. For der var et par gamle Folk, der i Nabolaget, som vilde gjerne have mig.

Nu var jeg 13 Aar, de havde Butik Kolonialvarer, de havde 3 Köer og en Hedst. Den maatte jeg ride paa fra og til Marken. Det var noget for mig. Nu maatte jeg tage afsked fra kniplingeskrinet. Til 1. November skulde jeg til skole igjen. Nu havde jeg været 1 ½ Aar borte, men jeg spörgte de store Piger, hvad de havde at lære. Og saa satte jeg mig nederst paa den nederste Bænk. Da Læreren merkede, at jeg havde lært med de store saa maatte jeg satte mig överst paa den Bænk.

1863

Saa havde vi Egsamen. Jeg hudsker Biskobben fra Ribe var der. Han var saa venlig til os. Han bad os at komme ret flittig i Skole, vi skulde bliver ved at bede. Saa tilsidst sagde vores Moder: Ok skidt saa paa dit Ung. Disse ord forglemmer jeg aldrig. Efter Egsamen sagde Læreren til mig, nu maatte jeg satte mig trediöverst paa den överste

---

[7] Christiane Sønnichsen fra Sødamgaard, født 1831, datter af Hans Hendrik Sønnichsen og Anna Madsen

Benk. Jeg var saa glad. Jeg var altid opmerksom og passede paa at lære mine sager godt i den Tid jeg gik til Skole. Vi havde en meget god Lærer. Onsdag eftermiddag og Lördag var jeg jo hjemme. Naar jeg kunde min Lexion, saa kom jeg for Spinderokken. Konen spandt Hör og jeg spandt Blaar, ogsaa om Vinteraftener. Nu gik jeg jo ogsaa et par gange om Ugen til Prest.

1864

Vinteren gik alt for hurtig, hvor vi skulde tage afsked med skolen. Læhreren han talte saa smukt og formanede os til de Gode, disse ord har jeg aldrig forglemt, og bad saa smukt for os. Saa sang vi til sidst, saa vil vi nu siger henanden farvel. Men den dag kunde jeg ikke synge med. Jeg blev konfirmeret 5 Marts 1864 hos Pastor Schmidt i Dahler.

Daler Kirke

2013

Da [?], de svandt, de glade Barndoms Dagen,
Min Rolighed, min Fryd, med D... svante hen,
Jeg kun Erindringerne har nu tilbage
Gud lad mig aldrig, aldrig glemme den.

Min Ungdom

Jeg forblev endnu et Aar hos de gamle Folk. Da var jo i 64 den sommer döde Frederik den 7ede. Da ringede Kirkeklokken hver Middag fra 12 til 1 i 14 dage. Folket sörgede meget over deres konge. Herefter kom der ogsaa Militær. Unggarne, di havde hvide Kjole med röd Krave og Opslag, blaa boxe med gule litse, og Snörstövle. Da gav det ordentlig röre i den för saa stille Bye. Alle de unge mennesker og den deilige Musik som de bragte med. Ude paa Heden havde de bygt en lille Skanse. Saa de gik hver dag til Skyning. Vi havde 2 Mand hvor jeg var. Men vi havde ingen Besver af dem. De var jo det verste med Sproget, lidt dansk kunde de, for de kom fra Danmark til os. Ellers talte de Ungaris, men de var fredelige at have. De kunde sige smukke danske Piger jeg elsker dig.[8]

 Om Sommeren havde vi jo altid meget at bestille med Höst og Kornet. Naar det först var alt godt i Huset saa kom den gode Tid jo igjen. Saa havde vi et Plag og et Föl, som skulde til marked. Saa spurgte Manden, om jeg vilde med. Det vilde jeg gjerne for jeg holdt meget af Dyrene, og de kjendte mig ogsaa nöie. Jeg vilde nok trekke Föllet for det var jo ikke saa stor at holde. Da var hedstemarked ude i Nystaden. Jeg havde mine tresko paa, for at hedstene skulde ikke trede paa mine Födder. Da Plaget var solgt, kom manden og tog mig Föllet af. Saa maatte jeg hen at drikke Kaffe og saa gaar hjem. Nu havde jeg fortjent 6 Daler om Aaret. Nu var jeg 15 Aar og skulde gjerne fortjene lidt mer. Saa kom jeg hen til den förste Bondegaard. Da var lidt i Familien med de gamle hvor jeg havde været som anden Pige, hvor jeg kom hen. Der skulde jeg have 9 Dahler. Der havde jeg det ogsaa rigtig godt. Der var en Hauptmann og en gammel Tjener. Og herefter fik vi Osterriger Jægers i graa Uniform og en stor Federbusk i Hatten. Da gik det jo altid lystig til i den tid. Soldaterne blev allestedes godt optaget. Da de drog bort, gik de med Vemud, for da gik det til Dyppel. Vi savnede dem meget, da de var borte, for nu blev alt saa roligt og stille som för.

1865

Nu er eet Aar gaaet hen igjen. Nu er jeg 16 Aar. Saa blev der et par Unge Folk gift som jeg kunde edre passe for i den samme familie. Der skulde jeg har 17 Dahler. Der havde jeg 6 Köer at melke, om Sommeren hver dag til Marks. Men naar Hödsten var godt i Huset saa gav det jo Hödstefest. Hvilken glæde var det for os. Det blev altid sat paa en Lördag. Alle som havde hjulpen, blev jo inbudt. Saa gav det spisen kl. 3 om Eftermiddagen. Saa gav det Kjödklumssuppe og hvide klumpe med Korinter i, og Pepperrodssaus til Kjödet. Og herefter Kaffe med hjembagt Kage, og Karlene fik hver 2 Punse. Kl. 7 var vi ferdig med Melkning og alt. Saa gik vi om paa den Gaard, hvor jeg först hevde tjent, for de havde en stor Pissel, og der skulde vi jo danse, for de havde ogsaa Hödstfest. Der var 2 der spillede fiolin. Herefter gav det belagt

---

[8] Lise var jo allerede 15 dengang !

Smörrebröd og Kaffe, der fik Karlene 3 Punse, og saa dansede vi heele Natten, för om Söndagen naar vi vare ferdig kunde vi jo sove. Denne fedst glædede vi os til heele Sommeren og længe bagefter, lykkelige Ungdom.

Om Vinteren var vi altid ferdig kl. 1 om Middagen og kunde sidde i den varme Stue for Spinderokken. Da blev jo medst hjemmelavet Lerred brugt, vi bagte ogsaa og bryggede Oel.

1869

Nu har jeg været her i 4 Aar og havt det rigtig godt. Vi fik en god kost, jeg var som hjemme der. Mandens navn var Kristian Johannsen [måske: Jessen]. Han havde været dansk Soldat, men maatte i krigen

1870

med til Frankrig, hvor han blev syg og döde. Hans Kone var en född Kadstesen fra Braderup, blev senere gift med Kresten Markussen i Braderup. Han er lengst död, og hun er snart 90 Aar, og lever som Enke hos ene af hendes Börn. Det er den 20 August 1929 som jeg skriver disse Linier og den 26. bliver jeg 80 Aar. Det er lange siden vi var sammen, og dog synes jeg at den Tid ligger saa nær. Afskeden blev ikke saa let, for vi havde 2 smaa Börn und den holdt jeg meget af, men Rejsen gik ikke saa vidt for det gik kun til Mögeltönder.

Og den lille Bye var mig kjær og bekjendt fra min Barndom. Der kom jeg i Plads hos Kniplingshandler Detlev Hansen. Der havde jeg det ogsaa rigtig godt. Der var ingen Markarbeide. 3 Köer havde vi. Det var en let Plads.

1871 ff

I 70 var det lidt uroligt. Mange unge Folk vandrede ud til Amerika. Der var tidt Foredrag i Vesterkroen. Og Enkelte maatte jo vandre til Spandau, deriblandt var ogsaa Redakteur Willemoes. Mögeltönderne har altid været bekjendt for at holt fast med deres Fane.[9]

1873

Nu havde jeg været i Mögeltönder i 3 Aar. Jeg havde Lyst til Amerika, men det vilde min Moder ikke gjerne have. Frau Hansen mente om jeg ikke havde Lyst til Kjöbenhavn, for der havde hun en Svoger, som jeg kunde komme hen til. Men det syntes jeg ikke om. Jeg vilde saa gjerne lære at tale tydsk. Saa fik jeg en Plads hos Landraadt Bleiken i Tönder, som Kjökkenpige.[10] Herefter lærte de mig at koge. Saa

---

[9] 1943 skrev „Tønder i dag": Paa grund af et optrin ved et dyrskue i Visby 1870 sigtede de tyske myndigheder redaktøren C.A. Willemoes for landsforræderi. Han sad arresteret i tre måneder. Kort efter sin løsladelse idømtes han fire måneders fængsel for en artikel i Vestslesvigs Tidende.

[10] Matthias Bleicken, 1822-1883, kom fra Keitum/Sild, deltog i den slevig-holstenske provisoriske regering i 1848 og måtte derfor ikke leve i hertugdømmerne. Som Landrat i Tønder siden 1867 var han åbenbart godt lidt fra dansk og fra tysk side. Sin bror Bleicke Matthias Bleicken var borgmester i Ottensen, nu bydel af Hamburg-Altona. Sylt-Lexikon, 37/38

blev jeg Mamsell. Der var jeg 5 Aar. Det Tydske Sprog fik jeg ogsaa lært, at jeg kunde göre mig forstaaelig.

1878

1878 blev jeg forlovet med en Gartner som var fra Elbing Westpreussen. Han var som Gartner hos Herr Weber St[adt] Hamburg.[11] Der blev et lille Hus bygget til os nede i Popsengade, som star endnu. Vi havde Bryllup den 27. November 1878.[12] Vi havde en godt Stykke Land ogsaa et lille Drivhus og Misbede og alt star saa godt. Min Mand havde ogsaa plantet en lille hekke rundt om Landet.

1879

Saa var det 79 den sidste August, blev vor Eldste Datter Else född. Og et par dage derefter kom der en Stormflod om Natten. Vandet star op i vores Dör. Alt var tilintetgjort. Min Mand vadede i lange Stövle for at ligge Steen og Bretter paa Veien for at der kunde komme Folk ned til os. Vi begyndte med lidt og tagte det sammen. Saa taber man jo let Modet, og det gjorde min Mand jo ogsaa. Saa raadede Herr Weber ham til at melde sig som Grens Aufseher ved Hvidding, som dengang blev sögte. Saa gjorde min Mand en Kursus i nu fire Uge, og blev ogsaa antaget. Saa solgte vi jo alt hvor der var i Drivhuset. Og til förste November 79 reiste vi saa til Hvidding. Vi kjörte med Dagvognen. Dengang laa der ikke mange Huse. Först kom vi til det gamle Kro, saa kom Toldhuset, og heelt frem ved Grensen laa der et lille Taghus, og der boede vi.[13] Og paa den anden side af Grensen laa det ogsaa eensomt, der var der ingen Træ og ingen Huse som nu.[14] I 1918 da vi reiste til Danmark for at hente os lidt Levensmidler, da var jeg ogsaa med, og sögte efter det lille Hus. Men jeg gjenkendete det ikke mere. Alt var blevet bygget og plantet.

---

[11] Hotel Stadt Hamburg, i danske tid Hotel Tønder, Vestergade 25 = Westerstraße 25. Conrad Ferdinand Weber tilhørte hotellet fra 1862 til 1880, med en store krohave „Webers Lustgarten".

[12] Gift med Carl Theodor Brandt, ✶ Elbing/Ostpreußen, ved vielsen 26 år gammel, d.v.s. født 1852 og så tre år yngre end sin kone. Han var sønnen af Kunst- u. Handelsgärtner Heinrich Brandt u. Ernestine født Herzfeld i Elbing. I overleveringer i familien var navnet Max Brandt, men i kirkebøgerne lød navnet Carl Theodor. Elise navner sin mands navn ikke en eneste gang, han heder bare „min Mand"! Det kunde tænkes at ægteskabet var ikke godt lidt i familien, for hun blev gift i Tønder og ikke i Daler-kirke. Værgene ved bryllupet blev ikke hendes søskende fra Østerby men derimod smed Hinrich Steffen – manden til hendes yngste søster Karoline i Tønder - og Niels Thomsen Nielsen fra Tønder – ifølge Tønder kirkebog 1796-1907, viede, 1878 Nr. 28, www.sa.dk, Oktober 2011.

[13] Jernbanen kom først i 1887, og grænsen løb midt imellem et nuværende hospitalsanlæg, dengang efter 1887 til 1920 stationsbygningen

[14] Hendes Mand beskriver i sin bog gartnerlivet i deres grænsehus, som lå i Høgsbro tæt på grænsen, se udsnittet af bogen sider 29/30, 73.

1880

Vi boede et Aar der. Min Mand havde megen Fritid. Saa blev der fra Hedeselskabet 3 Premier udsat, hvem der skrev den bedste Bog om Hedeplantning. Der Hausgarten im Heidegegend. Min Mands Fritid ofrede han dertil og fik den förste Premie.[15] Alle disse træ stammer vidst fra den lille Bog. Da skrev min Mand ogsaa Opsatser i det lille Blad her i Tönder, naar de vilde forvandler den Sump i en smuk Anlage og dermed forskjönne Tönder. Dengang boede her en Rektor Fast, som skrev til min Mand om han ikke vilde forklare dem hvorledes de skulde bare dem ad dermed. Og det har min Mand jo ham skrevet. Der boede ogsaa en Bahnforsteher Lukt, som besögte os tidt, da vi boede her. Han elskede ogsaa Naturen. Han har vidst hjulpet til at blev der til Virkelighed. Jeg ved min Mand har ogsaa skreven for andere Blade, hvor de har sendt ham Penge derfor, fordi sin lerrige Opsatser gjerne blev læst.[16]

1881

Nu havde vi boet i Hvidding et Aar. Min Mand havde ingen Lyst mere. Han lengtes efter sit Gartneri. Saa solgte vi vores Möbler, jeg reiste först hjem med min lille Else, og min Mand reiste ned til Rihnen. Jeg var ikke længe hjemme, saa en dag dag kom Frau Landraat kjörende. Hun havde hört, at jeg var hjemme, og vilde saa gjerne have mig med, for de fik saa megen Besög. Men den Dag kunde jeg ikke komme med, for vi var ved at gjöre rent. Men saa den næste Dag reiste jeg. Da Besöget var borte, kom min lille Else ud til mig. Saalange var hun hos Södster Jane, som ogsaa boede i Osterbye. Saa var vi der til först i Marts. Saa kom Mind og hentede os. Jeg hudsker det var en haard Vinter, og megen Snee. Vi var jo först hjemme at tage afsked, sneen laa mange steder saa höit at vi kunde nedfra ikke kommer igennnem. Jeg hudsker den Morgen vi reiste fra Tönder med 8 Toget. Solen skinnede saa smukt, men det var saa bitterkoldt. Da vi saa kom paa den anden side Hamburg igjennem Lyneburgerheide, der var Sneen forsvunden. Saa kom vi igjennem Teutoburgerwald, hvor min Mand vidste mig Hermans Denkmal. Og igjennem det dejlige Westphalen, med de smaa bunte Taghuse. Der var meget Træ i Husene bygget og det var alt saa bunte malet. Det var meget smukt der. Den förste Dag kom vi ikke videre som til Osnabrük. Der kom vi om aftenen kl. 12. Vi körte jo med persontoget 4. Kl. Der var ingen Benke at sidde paa og hver Station blev der jo holdt. Det gik ikke saa hurtig som nu. I Osnabrük blev

---

[15] „Die Anlage von Hausgärten in Haide-Gegenden Schleswig-Holstein's", trykt 1882 i Wilster, „mit dem ersten Preise belegte Preisschrift des Haide-Kultur-Vereins für Schleswig-Holstein 1881", se her i bogen titel side 29.

[16] En anden bog vær trykt i 1883 i Flensborg: „Der Obstbau in rauhen Gegenden, mit besonderer Berücksichtigung Schleswig-Holsteins und der angrenzenden Küstenländer, nebst einem Anhang über die Kultur der Fruchtgesträuche. Mit 1 Gartenplan und 20 Abbildungen in Holzschnitten." Flensburg, Westphalen, 1883. Kilden for begge to böger: Lexikon der Schleswig-Holstein-Lauenburgischen und Eutinischen Schriftsteller 1866-1882, Dr. Eduard Alberti, Kiel, 1885.

vi til kl. 4 om Morgenen. Saa var vi i Düsseldorf kl. 10 ½ og i Benradt kl. 11. Der var det meget smukt. Der star alt i fuld pragt og Herskabet, hvor vi kom, hun tog kjerlig imod os. Jeg földte mig snart som hjemme. De havde en meget sted Have som skulde heelt nyt anlegges, for herefter at selge det. For de havde en Farm i Amerika, som di herefter vilde beboe. De var Lutheraner, ellers var det medst Katholikker.

Ved Rihnen var det meget smukt. Der var jeg gjerne. Om Söndagmorgen star vi altid tidlig op, mens vores lille Else sov. Saa er vi gaaet ned til Rihnen, og overalt, hvor der var meget smukt at se. Der var ogsaa store Frugtmarked. Der var en Söndag, da alt stod i fuld Blomstring. Det var som en hvid Teppe over det heele. Der kom mange Fremmede for at see den Pragt. Ogsaa langs Veien var der Frugttræer. I Benradt laa der ogsaa et deilig Slot, som tilhörte Keiser Wilhelm, med en stor deilig Park.

Et par gange var vi ogsaa i Düsseldorf med de deilige Anlage inde i Byen. Jeg har seet meget af Naturens skönheder. Det er 50 Aar siden, der har vidst forandret sig meget siden den Tid. Men, kjære Datter, skulde du engang faa Lov til at kommer derhen, saa tænk paa, der har dine Foreldre engang vandret.

Nu er min Mand her ferdig. Da vi reiste, fik jeg et Guldstyk 20 Mk af fruen. Der skulde jeg köbe mig noget for at tenke dem ved. Manden med den eldste Datter var borte til Amerika, og Fruen med den yngste reiste derefter. Vi reiste derfra kl. 10 om Aftenen. Saa var vi först den Dag i Berlin. Der havde vi ophold i 4 Timer. Der star saa mange Droschke ved Lerte Bahnhoff. Saa fik vi et nummer, og den Vogn skulde vi söge op, for at kjöre til Slesinger Banegaard.[17] Der var vi henne at faa noget at spise. Kl. 8 om Aftenen gik det saa videre til Elbing. Der kom vi först den nedste Eftermiddag. Min Svigerforældre havde et stort Gartneri. De var dygtige og flittige Folk. Min Mand var dygtig og flittig. Men naar det gik os godt, saa skulde det altid gaar bedre. Han havde ingen Uholdenhed. I Elbing blev vi nogle Dage. Saa gik det til Königsberg. Saa fik min Mand Plads paa et Adelsgods Graskörben. Saa körte vi först med Toget til Braunsberg. Saa holt der en Vogn med 4 Hedste som vi skulde stige op i. Det havde jeg aldrig drömt om at jeg skulde köre med 4 Hedste for. Det var alt smukt og godt, saalenge vi kom ind i byen. Den var saa forfalden og der saa armt ud. Husene var faldeferdig, og de stakkels Folk, de saa kun fattig ud. Og dog vare de glade, for de kjendte jo ikke andet. Da vi saa kom nermere, laa der et prægtig Slot med stor Park, hvor der boede 2 Baronesse Schimmelpfenning v.d.O. og der i nerheden laa et lille Hus hvor vi boede.[18] Der havde vi 2 smaa möblerede stuer og et lille Kjökken. Der var ingen Kjöbmand og ingen Bager. Jeg havde ingen ting bragt med, men Folkene

---

[17] Fra Berlin Lehrter Bahnhof – idag: Hauptbahnhof – til Schlesischer Bahnhof – idag: Ostbahnhof, i DDR-tiden Hauptbahnhof

[18] I Ostpreußen findes der en adelige Familie Schimmelpfennig von der Oye, men familien har flere grene hvis man søger ved Google, og så er det ikke nemt at hved, hvor Lise har været og hvilken gren det var.

vilde jo gjerne hjelpe mig med Bröd. For di fik jo Korn udleveret. De bagte jo selv. De havde en stor Pot midt paa Bordet, det skulde være Kaffe. Det saa ud som Kaneelvand, og der rekkede de alle hen med deres lille Becker for at faa det fyldt. De var ikke saa forvaanet som vi. De boede ogsaa mange i et Hus. Saa var jeg ogsaa hende at hilse paa Baronessen med Haandkys. Saa spurgte jeg, om det ikke var muligt at faa et Pund Smör. Men det kunde ikke lade sig göre. For de havde ikke mere som til deres egen Bedarf. Men saa lerte Baronessen mig at kjerne af en Liter melk, som vi fik om Morgenen. Hun gav mig en stor flaske, der kom Melken i. Saa skulde jeg bliver ved at rydste den. Saa fik jeg Smör og tretten Arme. Den nermedste Kjöbstad var Mehlsack. Der matte jeg jo hen til at kjöbe ind. Det var meget katholisk der. Overalt var der smaa Stenhus bygget, hvor Mutter Maria star med Jesus Barnet, ogsaa inde i Byen, hvor Jesus hang paa Korset.

Jeg fik godt handlet. Folkene var flinke, og jeg kom godt hjem, omendskjönt jeg syntes, Veien var saa langt. For den var mig jo saa fremmed. Her paa Godset gik alt efter Kl, som ringende om Morgenen Kl. 5. Saa havde de ½ Timer om Formiddagen, om Middagen fra 12 til 1, om Eftermiddagen ½ Timer, ogsaa Kl. 8. Unge og Gamle alle skulde jo arbeide paa Godset. 20 Luxus hedste havde de. Hvor mange Arbeids Hedste de havde ved jeg ikke, for de kjörte jo altid med 4 til daglige Brug for alle Vogne. Saa en dag var Baronen kjörende der, og det var netop i Middagstimen. Hun kjörte bort. Saa kom Stuepigen di gnedige Baronesse lis den Gærtner bitten [skrevet paa tysk!]. Vi sad ved Middagsmaden. Min Mand sagde kl. 1 er han der. Men Stuepigen kom strax igjen di gnædige Baronesse lis den Gærtner sofort bitten. Saa staa min Mand op fra Bordet, og gik over i Parken. Der havde Baronessen taget imod ham, men hun var ligesaa hurtig forsvunden for min mand havde sagt hende Sandheden. Det kunde hun nok ikke lide at höre. Saa blev vi opsagt af Inspektören at forlade Godset Lördag Aften Kl. 9. Jeg var glad da vi kunde reise. Det er det eneste Sted hvor jeg ikke gjerne har været. Saa kom der en Gærtner fra Mehlsack med Vognen at hente os.

Der blev vi om Natten. Den nedste Dag kjörte han os til Braunsberg, og saa gik det med Toget til Königsberg. Der boede vi Gasthof zum Deutschen Keiser. Det var godt og billig der. Saa fik min Mand Arbeide som Gartner paa Mittelhufen ved Königsberg, i Flora, 3 Gartner og mange Arbeidsfolk.[19] Midt i Parken laa et stor Restaurant, og nu 4 Huse. Der havde vi et par möbleret Værelse og et Kjökken. Der var det meget smukt. Hver Dag kom der 15 Lohndiner fra Königsberg. Fra Kl. 4 om Eftermiddagen til Kl. 12 var der hver Dag Konzert. Der var saa meget at faa at see, hver Dag noget nyt. Alt Arbeide skulde jo været ferdig til Kl. 4. Jeg hudsker, der var saadan en yndig Wunderfontæne. Först var Vandet som Krystall, saa blev det som Sölv og som Guld ridslede det ned og til sidst stiger en deilig Jomfru med langt guld Haar. Og det er

---

[19] Senere i tysk tid var Mittelhufen en bydel af Königsberg. Den Zoologisk Have var i Mittelhufen.

noget af det smukkeste, jeg har seet. Hver Dag var der jo Blumenverlosung, Alpenglühen og Bengalich Belysning. Alle de deilige Blomsterbet rundtom med elektriske Lys med forskellige farvede Glas.

Der var vi i 3 Maaneder. Saa blev der en Vertreter sögt, for Forstbeamter i Pillau. Der meldte min Mand sig til, men vi hörte ikke noget derfra. Saa blev der træer plantet uden fra Königsberg, der havde min Mand opsigt ved. Da boede vi i Kleinmerauen. Naar vi skulde til Königsberg, skulde vi igjennem Tragheimer Tor, til Mittelhufen gik det igjennem Steindammer Tor. Jo der har jeg ofte gaaet med min lille Else.

Da min Mand der var ferdig, saa kom vi paa et Rittergodt Lichtenfelde bei Tharau. Der kjörte vi ogsaa med 4 Hedste for, fra Königsberg. Herren og Fruen var unge flinke Folk. En lille deilig bye hörte til godset, nye Huse med deilig Have derved. Der har de Folkene det meget godt. Der boede vi gjerne. Da vi havde boet der i 14 Dage fik min Mand Brev, fra Pillau, at han var antaget.

Min Mand var glad for altid om noget nyt. Saa maatte vi jo igjen rödste os til reisen. Saa reiste vi jo igjen til Königsberg og derfra til Pillau. I den deilige Pillauer Plantage laa der et lille smukt Hus, med Hirschgeweih over Dören. Midt i Plantagen laa der et stort Restorang med Konditteri, og Verten var en Skolekammerad til min Mand, en Elbinger, der sandte os alt i Huset, vad vi brugte, for Möble havde vi ingen af.

Der blev vi altid godt bevertet med Kaffe og kandihte Kager. Og naar vi skulde til Pillau, blev vores lille Else der at lege med 2 smaa drenge Anton og Fritz Hark.

Min Mand var jo hele Dagen underveis og tidt om Natten. Der blev meget Vildttyveri drevet, og hver Morgen ligger Rapport af hos Kommandant v. Kleif. Han tog imod ham med et Gutten Tag mein liber Herr Brandt. Major Jakobs han var streng Milletaris Preussis Disseplin im Dinst, privat var han flink.

Om Söndagen var vi imellem i Königsberg. Der var jo ogsaa meget at see. Der har vi ogsaa spidst Königsberger Rindeflek, det smagte godt, det kaldes her Plukkeflekk, det var meget berömt.[20] Om Morgenen gik der Koner med paa gaden. Saa havde de at brug med 2 Spande, fyldt med Rindeflek, og en Kurv med Rundstykker, en halv Litter Maal. Saa kunde Folk kjöbe for saamange ditter[?] som de önskede. I ethvert Restorang var det at faa.

Engang var vi ude at sejle med en Skipper. Der laa et stor skib i Havnen. Og der star Kjöbenhavn paa. Saa raabte jeg, taler de dansk. Saa svarede de jo. Saa sang jeg, i

---

[20]Königsberger Fleck: http://de.wikipedia.org/wiki/Kuttelsuppe, Oktober 2011. Original tysk tekst side 58. I dansk oversættelse: „Königsbeger Fleck eller slesisk Komavesuppe „Flaki" blev i 19. århundred solgt på gaden som lille ret. Retten blev tilberedt ved at koge kreaturmave-stykker, knogler, forskellige rodfrugter, løg, laurbær og krydderier. Suppen jævnes og alle småstykker kommes i – smages til med eddike, sennep, salt, peber og merian."

Danmark er jeg född, der har jeg hjemme. Der fik jeg saadan Lyst til da jeg saa Skibet. Jeg talte altid dansk med min lille Else, saa lærte hun jo begge sprog.

Til 1 Januar 1882 skulde vi jo blive i Pillau. Min Mand havde ligget som Soldat i Minden i Westphalen. Saa skrev han til sin Hauptmann, om han kunde hjelpe ham til et godt Plads. Han fik ogsaa strax Svar, med sit Visitenkarte med, det skulde han sendte med. Det var ved Russiges Hoffjægermeister. Ham og Konen var begge Tydsker og en god ven. Saa skrev min Mand, fik strax Svar. Von vilen Bewerbern wurde er bevorzugt, weil Er von Freund den Hauptman sehr emfohlen war, es gab freie Statsion und 1600 Rubel im Jahr. [I Lises original paa tysk] Han bad strax om Svar, pr. Draht. Min Mand sagde, hver weis wie es in Russland aussiedt, wir wollen liber im Lande bleiben. [I Lises original paa tysk]

Saa havde min Mand en godt Bekjendt i Brede, der var Herr Höiberg Wolf, for at spörge om han maaske havde et stykke land, der kunde være passen for Gartneri. Saa fik vi brev, han havde et lille Hus med et godt stykke Land til som vi kunde faa i Bredebro til Januar 82. Saa syntes jeg at det var bedst jeg reiste först, i de Omstændigheder jeg var. Fordi vi boede saa alene. Saa reiste jeg med min lille Else med en fragtdamper fra Pillau Onsdag den 25 November. Jeg var heele Tiden meget syg. Vi havde storm og Uveir. Jeg kunde höre Bölgerne skylle over skibet, men Gud bevarede jo os at vi ikke skulde der forgaa. Min Lille Else var ikke syg. Jeg kunde ingen Ting nyde, blot lidt frugt og tidt et glass Vin. Lördag Morgen den 28. Kl. 8 kom vi ind i Kiler Hafen. Saa kunde jeg for förste gang staa op. Den Morgen kunde jeg have Kaffe. Skibet var fragtet med Granater og Hvede. Der var en Toldbarake at revedere. Saa om Middagen da vi var ferdig, Kapteinen og Styrmanden gik hjem. Kokken havde kogt en deilig Suppe og Steeg med Gemyse. Toldkontrolören, Else og jeg og Kökken vi lod os Maden godt smage den Middag. Herefter fik vi en god Kop Kaffe, saa fik vi deilig Smörrebröd med for underveis. Vi blev paa Skibet til Kl. 4 at vi strax kunde reise med Toget. Men jeg gik og dinglede som jeg var fuld. Men vi fik god Plads i Toget 3. Kl., hvor der sad en enlig Dame. Og hun havde saa megen deiligt frugt, som hun tragterede os med.

Ingen vidste herhjemme at vi kom. 4 Söskende har jeg her i Tönder, som alle var gift. Södster Sofia boede paa Skibbroen, de havde kun lidt Plads, men der var jo hjerterum for os. Hos Södster Anna var der Gaasespil og der gik det lystig til. Da vi kom, mente Södster Sofia, at der var en fulden, der staar ved Dören, for jeg gik jo saadan og dinglede. Men saa hörte hun, jeg talte med min lille Else. Saa rev hun Dören op og tog saa kjerlig imod os, og sendte strax Bud til mine andre Söskende. Saa var vi der et par dage. Saa kom jeg hen at bo hos min Södster Lene i Nörregaden. Der blev Max den 7. Dezember 81 födt. Der var jeg i 14 Dage. Saa var vi en Tid hos Södster Jone og herefter boede vi hos Frau Johansen Østergade.

1882
I Januar kom min Mand. Saa gik det til Bredebro. Der boede vi i 4 Aar. Om Sommeren havde vi et par Gehilfe, vi havde ogsaa megen Gemyse, som blev sendt med Dagvognen. Saa solgte jeg det mest privat og mange Tusinde Gurker har jeg solgt.

1885
I Bredebro er Malvine född den 5. April 1885. Det var förste Paaskedag.[21]

Saa en Dag var min mand i Flensburg. Saa havde han ogsaa været i Angeln. I Husbye havde han leiet et stor Stykke land. Men de skulde jo ogsaa bliver vores sidste Reise. Til förste November 1885 reiste vi derhen.

Malvine, 1920
Lises 2. datter, Tochter, 1885-1949

1886
Den 27 Januar 86 döde vores lille Else af Difteritis paa sygehuset i Flensborg. Den lille Pige havde alerede gaaet saa meget igjennem og været saa mange Steder med. Herefter blev min Mand nervesyg. Han laa nogle Dage i Kiel. Jeg skrev til södster Jane og Svoger Peter Friis, hvorledes det gik os. Dengang blev Vestbanen bygget og de havde

---

[21] Hvad Lise ikke skriver om er en begivenhed som sikkert ikke passede hende: I Bredebro kirkebog, døbte i året 1885, streget ud-Nr. 13, findes der følgende inførelse, for fødte den 5. April og døbte den 19.4.1885:
„Bertha Malvine Brandt, datter af Gartner Carl Theodor Brandt og Hustru Elise f. Madsen i Bredebro
Faddere.
1. Slagter Peter Friis i Skjærbæk
2. Gartner O. Heilmann fra Waldenburg (Schlesien)
3. Kone Sophie Nielsen i Tønder
4. Kone Koopmann i Tønder

Bemerkning: Bertha Malvine Brandt´s daab blev ikke fuldbyrdes, fordi hendes Fader, efter at have bestilt Daaben og efter at Indförelsen derangaaende i Kirkebogen allerede var faaet, mödte personlig i Pastoratet og erklarede, at han ikke vilde have sit barn döbt. Forestaaende derförelse er, da barnet altså ikke er döbt, ellers udfaldet."
Carl Theodor Brandt kom fra det katolske Ermland og ville derfor måske ikke have sit barn døbt luterisk. Men: de to eldre barn var døbt luterisk!

10 Mand i Logie og de skrev, jeg skulde komme derhen med Börnene, jeg kunde være dem behjelpelig. Da min Mand kom fra Kiel blev Gehylfene afskedigt, og alt blev solgt. Saa kom min Mand först paa Sygehuset i Tönder, og herefter til Slesvig. Jeg reiste med Börnene til Skerrebek, hvor jeg kunde göre mig nyttig. Der var vi saa i nogle maaneder. Saa blev min Moder syg, fik Lungbetendelse. Saa var jeg nu 4 Uger hjemme. Da Moder var rask igjen, var jeg en Tid lang hos Södster Lene i Tönder.

1887
87 i November fik jeg den Plads i Hospitalet som Verterin. Max blev i Dezember 6 Aar. Ham maatte jeg tage med, og min lille Malvine blev hos södster Jane.

1897
Da Max var 16 Aar, blev han konfirmeret.[22] Han havde Lyst til Söen. Men den första Reise havde de megen Storm og uveir. Han var med en Skibe fra Höier til Hamborg. Den Reise tog 14 Dage. Saa ville han ikke med mere. Saa kom han i Lære hos Smedemester Sikkelsen [?] i Höier.

[*Her mangler en Blad = 2 sider i bogen*]

ved Banegaarden og blev optaget i deres Hjem. Saalange alt var indrettet i vores nye Hjem at vi kunde flytte ind. Derfor siger jeg Eder mange Tak. Gud vil signer Eder derfor. Vort nye Hjem det var i Ullegaden [sansynligvis Ulvgade], hvor Pipgras bor. Vi havde alt udleiet til seminarister, vi havde kun selv vores smaa Soveværelse. Vi havde 5 seminarister at boe og 10 til Middagsmad.

1914
Men 1914 kom Krigen. Det var netop i Ferien. Nogle af dem vilde ikke betale, for nu gik det ind i Krigen. Saa havde vi et tomt Hus. Saa herefter kom der jo Fremmede fra Hamburg og Kiel. Saa fik vi jo udleiet igjen.
Tidt har det seet saa mörk ud, men kjære Malvine. Du vidste altid Raad naar jeg ingen udvei vidste. Dine penge, som du har arvet, har du givet mig.[23] Vi glæder os for hver Dag, vi endnu maa være sammen. Du siger jo, jeg er ikke som din Moder. Jeg er som en södster, fordi vi kann saa godt forstaa hverandre.

---

[22] 21.2.1897 i Tønder kirke, Tonder kirkebog Konfirmerede 1871-1904, 1897 Nr. 1
[23] Det betyder åbenbart, at hendes mand Theodor Bandt var død imidlertid

1917

1917 döde vor kjære Max.[24] Den sidste Morgen raabte han, nu döe jeg. Saa bad Malvine Fadervor. Saa lukkede han sine store Ojne for sidste gang.

Denne mand er sikkert en af Madsen-familien, men også Lises niecer vidste ikke rigtig, hvem det var. Måske var det Lises søn Max Brandt i de senere år (han blev 37 år). Men det kunne også være Lises stedfar Anders Skov.

In jedem Fall ist dies jemand aus der Madsen-Familie. Aber auch die älteren Nichten Lises wussten nicht mehr mit Sicherheit, wer dies war. Wahrscheinlich zeigt das Bild Lises Sohn Max Brandt in seinen späteren Jahren (gestorben 37 Jahre alt). Vielleicht ist es auch Lises Stiefvater Anders Skov.

Vi har faaet en god og kjerlig Gud, som har hjulpet os over meget. Nu har jeg været 81 Aar. Det var jo en lille Afsnit af mit Levneslöb.

Elise Brandt, d. 19 September 1930

---

[24] „Schlosser Max Madsen Brandt in Tondern 35 Jahre alt", dødsdato 13.3.1917, begravelsen 16.3. 1917, „Rede in der Kirche", Tønder kirkebog Beerdigungsregister 1917, Nr. 16

3. Lises mand skrev denne bog i 1881, som hun beskriver det på side 21.

Lises Mann schrieb dieses Buch 1881, wie sie auf Seite 54 beschreibt.

Die Anlage

von

Hausgärten in Haidegegenden

Schleswig-Holsteins

von

Theodor Brandt.

Mit dem ersten Preise belegte Preisschrift des Haide-Kultur-Vereins für Schleswig-Holstein. 1881.

Wilster.

Buchdruckerei von J. P. A. Schwarck.

Inhalt.

Erster Theil. Boden-Bearbeitung und Vorarbeiten zur bevorstehenden Anlage.

Zweiter Theil.
1. Einfriedigung, Erdwälle, Hecken.
2. Ueber Pflanz-Material im Allgemeinen.

Dritter Theil. Anlage von Hecken.

Rivalisirend
- a. Lycium europaeum. Boxdorn.
- b. Crataegus Oxyacantha und Cr. monogina. Weißdorn.
- c. Sambucus nigra. Hollunder.
- d. Salix. Diverse Weidenarten.
- e. Prunus spinosa. Schlehe oder Schwarzdorn.
- f. Diverse Pappelarten.
- g. Coniferen.
- h. Andere Heckenpflanzen, welche sonst noch mehr oder weniger geeignet sind und als solche verwandt werden können.

Vierter Theil.
1. Schutzpflanzung im Allgemeinen.
2. Die verschiedenen Baum- und Gehölzarten, die sich zu hiesigen Schutzpflanzungen eignen.

Gartenpläne zur Erläuterung.
3. Der Wirthschaftsgarten zum täglichen Nutzgebrauch.
4. Der Hausgarten zu Nutz und Zierde.
5. Reservebeete zur Anzucht von Pflanz-Material.

Fünfter Theil. Weitere Pflege des Gartens und Erweiterung des Pflanzgebietes. Schluß.

Teksten „Schluß" – slut – er gengivet fra siderne 69 i tysk og i dansk oversættelse.
Der Text „Schluß" ist auf den Seiten 69 ff abgedruckt.

4. Udvalgte sider fra Lises manuskript
Ausgewähle Seiten aus dem Manuskript
sider 1-2

og som jeg ønsket evenqera, han besøgte hans halvsøster men jeg Pudele ville Hadsen og med, ved Visterud var vi jo snart indskillet, der jeg var 5 aars havde Vårpa Inga Bevølling og Dorthe Pohier blev død. Det var i Falvintens fala familien, og babnene var indbudt, og Paster Ronne og frue fra Mogelstondr, da var Rasdal som sagt at de ikke kunde komme frem i Lærd med Svardne, kunne merslta de være i Lærd og Prasten maatte vade, og har børen Konungs og Påsken gaa, Moriant laa til for di først den nordsta dag kunde komme tillænge, da Plastre och Gjesterne blev i 3 daga, da har Moder ofte fostalt om, men dat havly jo sin foisda vild i Jørful. vi gonde po bøar Trens Darina Johan Jgeb og Larden, og altid smits discke i Jølfodal, alvors var dal jo ikker som mant

5. 1770 – 1880 Madsen Familien i Møgeltønder

Over 100 år og 4 generationer kan man følge Madsen-familien i Møgeltønder og Østerby. Elise Madsen, født 1849, voksede op på egnen og var 4. generation. Hendes oldefar Mads Tychesen, født ca. 1736, var 1. generation. I kirkebogen fra Møgeltønder 1775 stod han og konen som forældre af „Hans Hinrich, Matz Tychesen og Hanna Marie Matzes Søn ved Aaen, fod d. 11 og døbt d. 19. July ...".[25] Han døde August 1780 – blev 43 år ifølge kirkebogen.[26]

Det er ikke kendt hvor han kom fra.

Man kann ikke finde fødselsdatoer omkring 1736 i Møgeltønder- eller Daler- og Visby-kirkebøger.[27],[28] Heller ikke giftermålet, som skulle være fra 1760-1769, har man fundet frem til. Det er underligt, for Matz Tychesens kone kom fra varften „Lyst", som tilhørte Møgeltønder kirkesogn. Heller ikke i de tysksprogede kirkesogn Højer, incl. Rudbøl, fandt skribenten frem til ev. årstal. Om en ev. søn Bertel Madsen (født ca. 1764) og en sønnesøn Johann (*1794, og senere organist i Møgeltønder kirke) står heller ikke noget i kirkebøgerne. Senere ser man, at Bertel og Johann står som faddere ved børn og børnebørn af Hans Hinrich Madsen. Det er derfor muligt, at Matz Tychesen kommer fra en helt anden egn. Sønnen Friderich (Frederik) Madsen er med fødslen 1770 den første i Madsen-slægten, som man kan finde i kirkebogen i Møgeltønder – bopæl ved Åen.

Fra begyndelse boede familien åbenbart i området ved Vidåen – Ved Åen. Matz, som var søn af en Tyche, Tycho, Tyge eller Tügge, var landman og ikke fisker, som man skulle tro, da de boede ved åen/Vidåen. I det 18. århundrede blev hvervet ikke navnt ved fødsels- og dødsdatoer. Men i folketællingslisten fra 1787 blev enken nævnt som gårdejer: "Fæsten af Herregaards landeie". Man kan læse om bøndernes forhold i Traps bog om Tønder Amt og Schackenborg: „9/2 1770 bevilgede kongen, at bønderne kunne få deres gårde overladt som ejendomsfæstegårde, og de kunne fritages for det resterende hoveri mod at erlægge en årl. afgift og en rekognition ved ejerskifte. Samtidig blev hovedparten af hovedgårdsjordene ... overladt bønderne i arvefæste ...."[29] Og C.P. Rasmussen skriver: : „".... Samtidig blev hovedgårdene mange steder udstykket i parceller og nye gårde, der blev bortsolgt som arvefæste og –jorder på den måde, at den køber, der lovede at give den højeste kanon, fik jorden overladt."[30] Man kan tro, sådan en køber var Matz Tychesen. Men i Landsarkivets protokoller af Schackenborg Godsarkiv kunde forfatteren ikke finde en Matz Tychesen.

---

[25] Møgeltønder kirkebog. Aa 2, fødte 1775, Landsarkivet Åbenrå
[26] 1730-1792 Møgeltønder kirkebog, døde, 1780 Nr. 35, www.arkivalieronline.dk, opslag 614, Okt. 2012
[27] Stand Oktober 2012
[28] Dr. Max Rasch, Tønder, 1980, Auftragsarbeit durch den Autor, schriftliche und mündliche Ergebnisse
[29] Trap, Danmark, Tønder Amt, 642
[30] Rasmussen, Schackenborg Gods, 98, 102

Nytåret 1801 døde Matz Tychesens enke Hanna Marie. Børnene Anna, Friederich, Hans Hindrich og Christiane, som endnu var ugifte, blev en måned senere 1.2.1801 ved folketællingen nævnt som beboere af gården – og Friederich, den ældste, som gårdmand.

Det gik ikke længe, 1801/1805, så blev Madsen-brødrene og konerne kroværter i Møgeltønder. Elise Madsen-Brandts farmor var also kroværtinde næsten hele livet, i Slotskroen. Og farmoderen kann man møde i Lises erindringer: „For os Börn var det jo deiligt, vi kunde jo tidt besöge Bedstemoder i Mögeltönder. For dengang var det jo ikke saa slet at gaar et lille stykke Vei. Bedstemoder besøgte os ogsaa ofte. Jeg kann saa godt huske hende, naar hun kom i hendes hjemvævede Kjole, en lille Straahat, hvide Strömpe og sorte Baststings skoe. Saa gik hun og strikkede paa en Strömp. Hun kom altid tilfods. ... Disse Vandringer gjorde hun saa længe hun kunde." Det skrev Lise om sin bedstemor for året 1855 (se side 12). Og i året efter, 7. November 1856, skrev samme bedstemor Christiane Madsen-Linnet til „Administrationen af Grevskabet Schackenborg": „Da jeg nu i en Række af ... mere 50 Ar har været i Besiddelse af Mögeltönder Slotskro, men lakker nu henad Aarene og kunde trænge til et mere roligere Liv, har jeg besluttet at sælge ... ."[31]

De to største kroer var så i besiddelse af Madsen-brødrene – den ældste Friederich blev ejer af Vesterkro og Hans Hinrich af Slotskroen. Senere blev enkerne krojere i 50-60 år til 1860erne. I 1787 havde Møgeltønder 7 kroværter men i 1860 kun to.[32]

Idag, 2013, eksisterer Slotskroen og Vesterkroen. Muligvis var den 3. Madsen-kro også en familiekro i den nævnte tid. Bertel Madsen, dengang 37 år, var måske en bror eller nær slægtning. Ved folketælling 1801 blev han nævnt som husbonde og kromand i Slotsgade, nummer 43 af folketællingsliste, og ved sin død som værtshusholder og jordbruger i Altona – en enkelt gård som ligger ved vejen mellem Tønder og Møgeltønder Slotsgade.[33]

Ifølge nedskrivninger af Madsen slægten i arkiver var Hans Hinrich, Lises bedstefar, krovært siden 1806.

I tiden, hvor børnene Hanna Marie (1813), Christine (1815), Friederich ((1821), Agatha Caroline (1823) og Henriette Christiane (1828) blev født og indtil sin død var Hans Hinrich „kromand i slotsgaden", 1806 (fødsel Mads) bare „slotsgaden".[34]

---

[31] Christiane Linnet, brevet i Schackenborg Godsarkiv, Ejendomssager Slotskro, Landsarkivet Åbenrå, Maj 2013
[32] Mogeltønder, Slotsby og Bondeby, ifølge folketællingslister, 23/24
[33] I bogen Møgeltønder, Slotsby og Bondeby, er han ikke nævnt som ejer
[34] Møgeltønder kirkebog, døde, 1830, , www.sa.dk, opslag 357 og fødte Møgeltønder kirkebøger døbte, www.sa.dk, 1813 Nr. 4 opslag 170; 1815 Nr. 13 opslag 31; 1821 N. 6 opslag 22; 1823 Nr. 15 opslag 53; 1828 Nr. 19 opslag 130.

Lise skriver, at hendes far Mads Madsen blev født i Slotskroen. Det er ikke sikkert, at han, født i Januar 1806, er født i Slotskroen. Ved fødslen nævnes Slotsgaden, men ikke at der har været en „kromand". Hans Hinrich er sikkert flyttet til Møgeltønder mellem 1801 og 1805/06. Som ejer af Slotskroen – Slotsgade 42 – er han nævnt siden 1806.[35] I kirkebogen står med giftemålet i Juli 1805 ikke hvor han kom fra eller om han var bonde eller kromand. Hans købekontrakt er dateret 28.7.1806 til en pris af 21 Riksdaler courant og en årlig afgift af 6 Rdl 12 skilling species.[36]

I 1833 giftede Hans Hinrichs enke Christiane Madsen sig med Andreas Petersen Linnet – kromand og gårdmand. De drev kroen til 1860, Christiane også efter Andreas død: „Andreas Petersen Linnet(s enke), kromand og gårdmand"[84] Andreas Petersen Linnet købte Slotskroen med kontrakt fra August 1834. Lise fortæller ofte om bedstemoderen i Møgeltønder, som hun besøger og bedstemoderen kommer også til Østerby på besøg. Lise fortælte ikke om Slotskroen men en gang om Vesterkroen.

Efter folketællingen 1834 var der flere Madsen-kroer i Møgeltønder: Christiane Madsens nye ægtemand Andreas Petersen Linnet blev nævnt som værtshusholder (folketællingsliste 2. hus), ligeledes søster Sophie Botille (var gift med Hans Hinrichs afdøde bror Friederich) blev nævnt som værtshulderske (folketællingsliste 113. hus), og også Bertel Madsen var kromand (folketællingsliste 119. hus).

Slotskroen var i Madsen-tiden et bindingsværkshus, 16 standere, stråtag, med to tilbygninger. Indtil 1855 havde man flere gange foretaget udbygninger. Familien skilte sig senest i 1860. Derefter udbrød den 18/19. September 1861 en stor brand i Møgeltønder. Fra Slotskroen til midten af Slotsgaden (nordsiden) brændte alt ned. Kroen fra idag blev bygget efter den store brand i 1861.[37]

Samme skæbne overgik Vesterkroen: Bindingsværkhuset fra Madsen-tiden brændte ned i 1862 og bygningen Sønderbyvej 1 fra idag blev opført i 1863.[38] Lise skrev om Vesterkroen, at søsteren Lene havde bundet en høstkrans – det har nok været kort før branden. Åbenbart havde Madsen familien som tidligere ejer et godt forhold til den nye værtshusholderske Hanne M. Møller.[39] Forfatteren har ikke undersøgt de genealogiske spor i detail, men har mere koncentreret sig om det der stod skrevet i Møgeltønder, Slotsby og Bondeby.

---

[35] Møgeltønder Slotsby og Bondeby, 161
[36] Schackenborg Godsarkiv, Ejendomssager Slotskro, Landsarkivet Åbenrå, Maj 2013
[37] Møgeltønder, Slotsby og Bondeby, 26, 161
[38] Møgeltønder, Slotsby og Bondeby, 208
[39] Møgeltønder, Slotsby og Bondeby, 210

Lises far Mads Madsen blev ikke krovært men landmand. Ved sit første giftermål blev han nævnt som „ungkarl, Gammeldig, landman",[40] to år senere ved folketællingen 1834 i Gammeldig, Ved Åen, hus Nr. 142 som „jordbruger", 1843 ved det 2. ægtesskab var han „gaardmand", på Gammeldig.[41] Efter Lises erindringer solgte faderen gården 1855 og købte et hedelandbrug i Østerby, idag Nørrehedevej 19, dengang under jurisdiktionen af Tønderhus.[42] Derefter fra 1856 blev han kaldt „husmand".[43]

Efter Mads Madsens død 1859 flyttede alle hans børn til 1880erne til Tønder og omegnen og i tiden derefter sluttede historien om denne gren af Madsen-familien fra Møgeltønder og omegn.

Livet i disse generationer var i stor udstrækning præget af truslen fra havet og åerne. Om vinteren var der oversvømmelser og tilfrosne marker mellem Højer og Tønder – højvande og stormfloder var ingen sjældenhed. Topografien fra idag viser ikke hvor menneskene levede i 1800 eller 1860. Digerne var utilstrækkelige. Lise skrev i erindringerne, hvor vandet ved stormfloden 1879 kom ind i hendes hus i Popsengade i Tønder. Før det fremskudte dige ved Højer blev bygget i 1980erne måtte Tønder by og omegn ved stormfloden 1976 evakueres. Det gamle Højerdige blev bygget 1860. Ved opførelsen var der en stor sommerstormflod. I begyndelse af Madsen-familiens tid ved åen havde de hvert år stormflod fra 1791-1794.[44] Lises bedstefar Hans Hinrich Madsens opvækst Ved Åen og i Møgeltønder var præget af oversvømmelser i ny og næ.

I internettet ved kulturarvstyrelsen kan man læse om vilkårene for menneskerne i området:
„Indtil afvandingen i slutningen af 1920erne blev marsken oversvømmet hver vinter, og i regnfulde somre, af invande når Vidåen gik over sine breder. Oversvømmelserne gjorde marsken ufremkommelig og kunne ødelagge høsten. Ådiger blev etableret, og et sindrigt system af kanaler og pumper for at tørlægge marskomradet, og lede vandet ud i Vidåen. Afvandingen af Tøndermarsken ændrede hele marskområdets natur- og kulturgrundlag. Gårde, nye byomrader og huse blev opført direkte på marskjorden...

---

[40] Møgeltønder kirkebog, viede 1832 Nr. 7, www.sa.dk, opslag 309
[41] Møgeltønder kirkebog, viede, 1843 Nr. 2
[42] Landsarkivet Åbenrå, meddelelse, Maj 2013
[43] Daler kirkebog, fødte, 1856 Nr. 6 (Caroline)
[44] Vedr. diger og stormfloder se flyeren Sønderjyllands Amt, Teknisk forvaltning, August 1993 „Det fremskudte dige og Vidåslusen".

Værftsgårdene hører med til de ældste bosættelser i marsken, og værfterne er blevet til stadige forhøjninger gennem utalige generationer...."[45]

Og i „Møgeltønder, Slotsby og Bondeby" kan man læse om oversvømmelser før 1920:[46]
„Man måtte fra gårdene Ved Åen færdes med båd, når man skulle ude til værfterne og bl.a. skulle til Møgeltønder eller derfra skulle nå ud til `de åblinger`. Indtraf der frost, måtte man vente med at komme frem, indtil isen kunne bære, så at man kunne færdes med slæde eller på skøjter. ... Til tider kunne der også ske oversvømmelser i regnfulde somre, og Møgeltønders bønder kunne da have stort besvær med at bjærge hø- og kornhøst."

Kortet viser hvordan marsken blev beskyttet med diger.[47] Gårdene Sødamgård, Fællesværre (Felswarft) og Lyst, som alle har forbindelse med Madsen-familien, lå langs med åen – fik så navnet „Ved Åen". „Gammeldiget", hvor Lise blev født på faderens Mads Madsens gård, lå ved ådiget fra 1553.

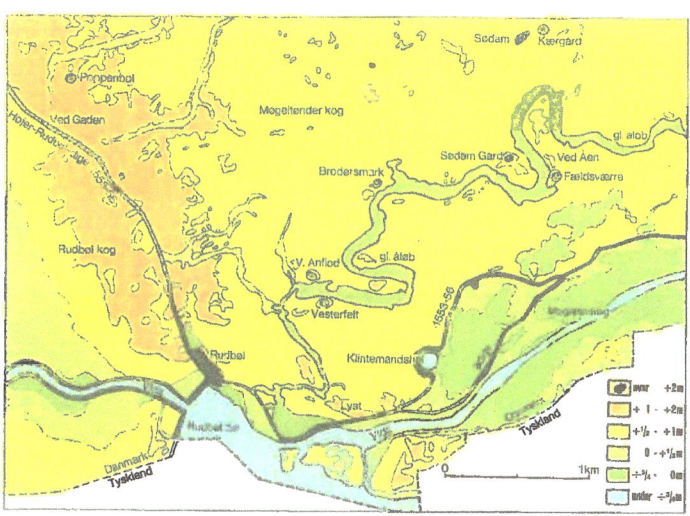

Udsnit fra Meesenburg, Bebyggelse ved Marsk og Vade, „Ved Åen", Rudbøl-Ruttebüll og „Ved Gaden", og gamle bopæl

Forandringen af landskabet ses tydeligt på tre kortene:

---

[45] http://www.kulturarv.dk/vadehavet-kulturarvsatlas/bebyggede-strukturer/niveau-2-de-store-landskaber/toendermarsken/, Oktober 2012
[46] Møgeltønder, Slotsby og Bondeby, 28
[47] Meesenburg, Bebyggelse ved Marsk og Vade, 8

1648: Kartographen Johannes Mejer fra Husum. 1648 boede Madsen-familien åbenbart ikke i omradet.

1805: Du Plat kortet „Westerland, Tønder, Løgumkloster", udsnit. 1805 boede Madsen familien dels langs Vidåen, Hans Hinrich og Friederich Madsen allerede i Møgeltønder, Mads Tychesen var død, sin enke Hanna Marie døde i 1801.

Du Plat kortet fra 1805: udsnit
Johann Heinrich Christian du Plat (1769-1852) var i dansk tjeneste; premierløjtnant, senere generalmajor, kammerherre.
H. du Plat har bl.a. forestået udarbejdelsen af 8 kortblade over Slesvig i 1804-05, http://slesvignavne.dk/duplat.html, 2013

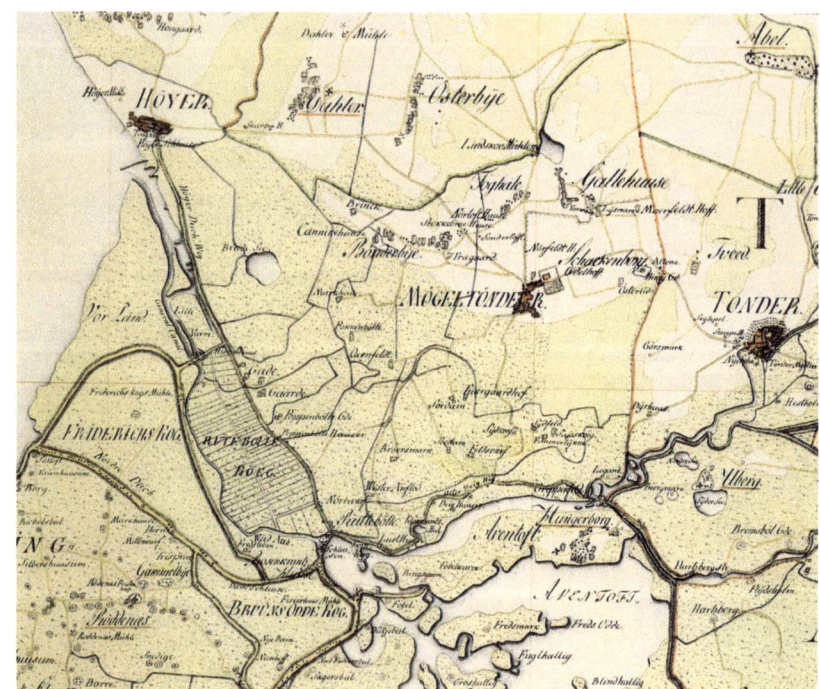

„Generalkarte der Herzogtümer" 1858 af den tyske kartograph Franz Geerz. 1858 er tiden, hvor Elise Madsens erindringer spiller. Geerz var meget ideologisk farvet i sit standpunkt som danskfjendtlig slesvig-holstener. Så kortet var forbudt i hertugdømmerne.[48]

Situationen fra idag ses på kortet side 8 og udsnit s. 45 .

---

[48] http://slesvignavne.dk/fgeerz.html, September 2012

6. Einführung in die deutsche Übersetzung

Elise oder Lise Madsen lebte von 1849 bis 1939 und wurde 89 Jahre alt. Sie war die Tochter eines Bauern an der Wiedau, der später als Heidebauer nach Østerby bei Møgeltønder zog. Mit 80 schrieb sie auf, was sie in ihrem Leben erlebt hatte. Geprägt hat sie ihre Kinder- und Jugendzeit. Sie wuchs in Gammeldig und Østerby bei Møgeltønder auf, in der königlichen Enklave in noch dänischer Zeit. Die Familie kam von Ved Aaen, Gammeldig und Møgeltønder, die Verwandtschaft lebte rundherum in Stokkebro, Toghale, Sødamgaard, Visby. Das damals weitgehend deutschsprachige Tondern war zu ihrer Kinderzeit weit weg. Lise wuchs auf in einer Zeit, als man zur Feier des Tages noch Sand auf den Lehmfußboden der guten Stube streute, wenn der Pfarrer am Sonntag zu Besuch kam, und als man abends beim Schein der Petroleumlampe klöppelte. Die Schule war mit 14 vorbei und für ein Kind begann Arbeit und Wohnen bei fremden Leuten. Zu deutscher Zeit ab 1864 kam sie später nach Tondern und wollte so gerne deutsch lernen. So heiratete sie einen Deutschen, einen Gärtner, der tief aus Deutschland kam, aus dem Ermland – und als Gärtner im Hotel Stadt Hamburg arbeitete. In ihren gesamten Erinnerungen nennt sie nicht ein einziges Mal seinen Namen!

Lise blieb immer dänisch gesinnt. Lise war eine bodenständige, heimatliebende sesshafte Frau, ihr Mann Theodor Brandt das genaue Gegenteil. Sie folgte ihm. Zunächst nach Tondern, dann nach Hvidding direkt an der damaligen Grenze, später nach Bredebro. Sie folgte ihm aber auch zu seinen immer neuen Arbeitsstellen im deutschen Kaiserreich, an den Rhein nach Düsseldorf und nach Ostpreußen, auf ein Landgut und nach Königsberg, und schließlich doch wieder zurück nach Schleswig in Angeln und dann wieder nach Nordschleswig. Theodor Brandt war ein offensichtlich erfolgreicher - heute würde man sagen – Gartenarchitekt, der auch theoretische Arbeiten über die Anlage von Gärten mit Erfolg publizierte.

Drei Kinder bekam Lise, die ihr ein und alles waren. Viel Freude gaben sie ihr, die oft alleine war, aber auch viel Leid: die jüngste, Else, starb jung mit 6 ½ Jahren an Diphterie, Max lebte nur 37 Jahre lang bis 1917, nur Malwine überlebte ihre Mutter. Irgendwann war auch Theodor Brandt, nervenkrank, gestorben. Lise lebte allein mit Malwine die letzten rund 20 Jahre ihres Lebens wieder im heimatlichen Dänemark, in Tønder.

Die Lebenserinnerungen sind ein eindrucksvolles Bild einer Zeit, die längst vergangen ist. Ihre Erinnerungen lassen eintauchen in gleich mehrere vergangene Zeiten.

Das Landleben im dänisch-königlichen Schleswig wird breit erzählt und man bekommt einen Eindruck, wie genügsam die Menschen lebten und wie selbstverständlich man Schwierigkeiten bis hin zu Sturmfluten meisterte – und wie zufrieden sie waren. Man bekommt aber auch einen guten Eindruck, wie das Leben in Tondern und Umgebung in der deutschen Zeit war, mit seiner sehr regen Bautätigkeit, dem Bau der Eisenbahn und, ja, der Hektik. Wenn Jahre zuvor eine Reise von Visby nach Møgeltønder schon ein Erlebnis gewesen war, so wurde jetzt eine Eisenbahnfahrt von Tondern oder Düsseldorf über Berlin nach Ostpreußen zwar nicht selbstverständlich, aber doch problemlos machbar. Das Leben in der Fremde, die Klassengesellschaft, die sie gerade in Ostpreußen kennenlernte, beschreibt Lise mit viel Leben.

Eine erste zweisprachige Ausgabe hat der Herausgeber Carsten Stern 1983 verfasst, noch in der „vordigitalen" Zeit. Titel war der Text des jetzigen Untertitels in dänisch und deutsch. Exemplare der 1. Auflage sind in deutschen und dänischen Bibliotheken vorhanden. Das vorliegende Exemplar ist deshalb eine 2. Auflage. Diese Auflage ist angereichert mit Fotos, mit teilweisen Wiedergaben der Bücher Theodor Brandts und mit Erkenntnissen aus der Familienforschung über die Familie Madsen in Møgeltønder und Østerby und Umgebung. Die deutsche Übersetzung ist vereinzelt und geringfügig verändert, wo sich Fehler im Entziffern des dänischen Textes herausgestellt hatten.
Der Herausgeber selbst ist der Urenkel von Lises jüngerer Schwester Caroline, die mit dem Schmied Steffen in Tondern verheiratet war und 1928 starb.

Zu dem nachfolgenden Text:
Das Original ist der dänische Text. Die 48 Seiten des Originals sind 1929/30 in Frakturschrift geschrieben. Die dänische Abschrift folgt einer Fotokopie von um 1980, die der Herausgeber Carsten Stern damals vom Original, das ihm kurzzeitig vorlag, angefertigt hatte. Leider ist das Original nach einigen Todesfällen verlorengegangen. Immerhin: die Kopie existiert noch.
Die Jahreszahlen in gesonderten Zeilen hat der Herausgeber eingefügt, um die zeitliche Einordnung beim Lesen zu erleichtern. Der Herausgeber hat auch in der Regel einen Punkt dort gesetzt, wo Lise stets nur ein Komma verwendet hat. Die deutsche Übersetzung hält sich sprachlich bewusst eng an das dänischsprachige Original, um die Eigenart von Lises Schreibstil und der sønderjysk gefärbten Sprache einigermaßen zu erhalten.
Und schließlich: In der Familie hieß Elise Brandt nur „Oma Lise".

7. Die deutsche Übersetzung

Mit Gott
Will ich gerne ein wenig von meiner Kindheit erzählen. Ich bin auf Gammeldig am 26.8.1849 geboren. Mein Vater war der Hofbesitzer Mads Madsen, geboren im
1849
Schloßkrug (Slotskro) in Mögeltondern (Møgeltønder), meine Mutter Else Madsen, geborene Krestendatter.[49] Sie war in Kirkeby, Gemeinde Henne, bei Varde geboren. Wir waren fünf Geschwister, zwei ältere, zwei jüngere sowie ich. Wir hatten ein gutes und liebevolles Heim. Im Sommer war es ja herrlich, wo wir herumtoben konnten im weichen Gras. Meine Mutter sagte immer, ich sei ein kleiner Wagehals, wenn wir die Zeitung zum Nachbarn bringen sollten. Mein Bruder war zwei Jahre älter. Er war vorsichtig. Er legte zuerst die Zeitung unter das Gatter und dann seine Mütze obendrauf, dann krabbelte er selbst hinterher. Aber ich musste immer klettern. Im Winter waren wir ja ganz eingeschlossen.

1854
Als ich fünf Jahre alt war, hatte meine Schwester Lene Hochzeit und Schwester Sofie wurde getauft. Es war im Februar. Die ganze Familie und Nachbarn waren eingeladen und Pastor Sonne und Frau aus Møgeltønder. Da stand das Wasser so hoch, dass sie mit dem Boot nicht ganz an Land kommen konnten. Die Frau mussten sie durchs Wasser tragen und der Pastor musste waten und trockene Schuhe und Strümpfe anziehen. Das Unwetter nahm zu, so dass sie erst den nächsten Tag zurück konnten.

Fischkasten (dänisch: hyttefadet), der im fließenden Gewässer mit Selbstauftrieb schwimmt und lebende Fische enthält.

Die meisten der Gäste blieben drei Tage. Das hat Mutter oft erzählt. Aber es half ja, sie hatte alles im Haus. Wir hatten ja Kühe, Schafe, Schweine, Hühner, Gänse und Enten und immer frischen Fisch im Fischkasten. Sonst war es ja nicht immer so leicht mit so viel Besuch auf einmal. Aber dies war ja auch ein Doppelfest.

Mit der Schule war es ja auch beschwerlich. Im Winter kam da ein Lehrer ein paar Mal die Woche für die zwei älteren Geschwister. Da waren ja auch mehr Kinder in der Nachbarschaft. Im Sommer sollten sie ja nach Møgeltønder. Einmal in einem Sommer bekamen wir

---

[49] Mads Madsen – 16.1.1806 – 8.8.1859. Seine Eltern waren Hans Hinrich (Hendrik) Madsen – 11.7.1775 ved Aaen – 29.1.1830 Møgeltønder – Bauer und Kro-Wirt in Møgeltønder Slotskro/Schloßkrug – und Christiane Petersen 12.10.1785 Stokkebro – 26.6.1860 Møgeltønder.

Besuch von meinem Großvater oben aus Jütland. Ich kann das so gut erinnern: Er hatte einen mächtig großen Hut auf, einen langen Frack, Kniebundhosen, gesprenkelte Strümpfe und Schuhe mit Spangen dran. Einen langen Stock in der einen Hand und eine kleine Tasche in der anderen. Er kam zu Fuß von Møgeltønder. Er war ja mit der Postkutsche nach Møgeltønder gekommen. Damals war die Beförderung noch nicht so schnell wie heute.

So machte Vater auch mit der ganzen Familie Ausflüge. Wir hatten einen großen alten Federwagen mit 3 Sitzen, da war Platz für viele, und auch ein paar gute Pferde davor. So konnte es ja gut gehen, denn die Wege waren noch schlecht damals.

Das Haus, in dem wir wohnten, ist längst verschwunden. Aber der kleine Hügel, wo es stand, der ist noch da, und die herrlichen fruchtbaren Felder.

1855

Als ich sechs Jahre alt war, verkaufte mein Vater den Hof und kaufte eine kleine Landstelle in Østerby. Ich glaube, sie kostete meinen Vater viel Geld und viel Arbeit, denn es war Heideland, das kultiviert werden sollte.[50] Wir haben viel weißen Sand ausgegraben, der gewaschen und verkauft wurde. Damals brauchte man ihn ja, auf den Boden zu streuen. Das war ja die Sitte der Zeit damals.

Nun war ich sechs Jahre, jetzt sollte ich zur Schule. Da im Dorf lag ein kleines Backsteinhaus, da stand ein langer Tisch mit zwei Bänken. Wir waren 17 Kinder. Da ging ich die ersten zwei Jahre hin. Für uns Kinder war es ja herrlich. Wir konnten ja oft Großmutter in Møgeltønder besuchen. Denn damals war es ja nicht so schlimm, ein kleines Stück Weg zu laufen. Großmutter besuchte uns auch oft. Ich kann sie so gut erinnern, wenn sie in ihrem selbstgewebten Kleid kam, einem kleinen Strohhut, weißen Strümpfen und schwarzen Bastschuhen.

---

[50] Heute: Nørrehedevej 19, NW v. Østerby, lt. Mitteilung Landsarkiv for Sønderjylland vom Mai 2013

So kam sie und strickte Strümpfe. Sie kam immer zu Fuß. So ging sie von Visby, da hatte sie eine Tochter mit Denpe Thomsen verheiratet.[51] Diese Wanderungen machte sie, so lange sie konnte.

1856

Das erste Jahr, als wir in Østerby wohnten, wurde meine jüngste Schwester Karoline geboren.[52] So waren wir jetzt sechs Geschwister. Als ich größer wurde, kam ich mit nach Dahler in die Schule. Da gab es viele Kinder von Østerby, Dahler und Gjerrup. Es war eine schöne Schule, mit vielen Fenstern und hoch bis zur Decke, obwohl sie alt war. Wir waren gewiß um die 60 Kinder. Das fand ich besser als in dem kleinen Backsteinhaus. Und als es auf Weihnachten zuging, sollten wir Julefest haben. Welche Freude war das, das war nicht mit einem Tannenbaum wie heute, den kannten wir damals nicht. Wir brachten jeder zwei Vierschillingstücke mit. Dann wurde in der Schule alles beiseitegesetzt. Die Tische wurden gedeckt, dann gab es kleine Aniskringel und Zwieback und so viel Kaffee, wie wir trinken konnten. Dann spielte der Lehrer auf der Violine und wir sangen. Dann wude alles weggepackt, eingeräumt, und so sollten wir denn zum Tanzen kommen. Wir sprangen auf dem Boden nach der Musik herum. Wir waren so froh und dankbar für das große Fest, das uns gegeben wurde.

Glückliche Kinderzeit.

1858

Nachdem wir drei Jahre in Østerby wohnen, wurde mein Vater krank und starb.[53] Es war ein schwerer Schlag für meine Mutter. Meine älteste Schwester [Anna, geb. 1843] stand vor der Konfirmation. Mein Vater starb am 8. August 1858. Als ich am 26. August 1858 9 Jahre alt wurde, bekamen wir einen Tag viel Besuch. Viele fremde Leute. So bekamen sie Frokost und am Nachmittag, als sie fertig waren, aßen sie zu Mittag bei uns. Es war nämlich die Nachlaßbehandlung [Skifteretten]. Bei den Gästen war auch der Hardesvogt Kjær und Saltlund [?]. Schwester Lene half Mutter; wir Kinder hatten ja keine Ahnung, was der Tag für uns

---

[51] Offenbar Enevold Thomsen, 1855 46 Jahre alt: in den Volkszählungslisten 1855 für Visby lebt er zusammen mit seiner Frau Hanne Marie Madsen, 43 Jahre alt, sie geboren in Møgeltønder, zusammen mit 4 Kindern.

[52] Karoline ∗ 31.5.1856, später verheiratet mit Schmied Hinrich Steffen in Tondern, war die Urgroßmutter des Herausgebers

[53] Im - dänischsprachigen – Kirchenbuch von Daler, Døde, 1858, steht als Bemerkung für den 8. August 1858, übersetzt: Tot von Wassersucht und Gelbsucht. Desweiteren war er trunksüchtig geworden, doch erkannte er seinen Fehler und suchte nach Abhilfe. Dänischer Originaltext oben Anm. 5 S. 13.

zu bedeuten hatte. Es wurden ja Vormünder eingesetzt für Mutter und für uns. Als Schwester Anna konfirmiert wurde, kam sie zu Onkel und Tante auf Sjødamgaard bei Møgeltønder, und mein Bruder kam nach Stokkebro zu Peter Jörgensen, das war sein Vormund.[54] Dort sollte er bleiben, bis er konfirmiert wurde. So waren wir ja noch vier zu Hause bei Mutter.

Dann kam ich zu einer alten Frau und lernte zu klöppeln. Das war ja etwas Neues für mich. Ich saß mit dem Rücken zum Fenster, etwas neugierig bin ich ganz bestimmt gewesen. Die alte Frau war 82 Jahre. Sie klöppelte das schöne Rosenmuster, mein Muster wurde heit og marn genannt. Jeden Mittwoch- und Sonnabendnachmittag, wenn ich von der Schule frei hatte, klöppelte ich. Am Abend sollte ich ja meine Lektion lernen. Wir hatten ja nicht so viel zu lernen, wir hatten ein Lesebuch, Luthers kleinen Katechismus, eine biblische Geschichte, einen kleinen Anhang und Gögnfalds Rechenbuch und ein Gesangbuch.

Nun war ich ja die größte zu Hause. Die drei Kleinen kamen ja immer zeitig zu Bett. So bat ich Mutter darum, abends zu den Alten gehen zu dürfen, denn ich wollte so gerne die Beleuchtung sehen, die sie hatten. Das war ein kleines Stück Blech und Öl darin, und darin lag ein kleiner Docht wie ein Schwefelhölzchen, und der lag und brannte in dem bisschen Öl. Das wurde an der Decke festgemacht, dann kamen zwei große Glaskugeln darauf, gefüllt mit Wasser, eine auf jeder Seite. Das gab ein klares Licht bei der Arbeit, wie auf dem Postkartenbild zu sehen ist. Die alte Frau klöppelte, die junge nähte. Der alte Mann war auch 80 Jahre. Er strickte an einem langen Strumpf. Und der Sohn, der auch nicht mehr jung war, er hatte Stroh zu bündeln und schnitt Reet, das man brauchte, wenn das Haus gedeckt werden sollte. Die Stube war ja ganz dunkel, es leuchtete nur bei der Arbeit. Heute haben wir das herrliche große Licht – vielleicht sind wir nicht immer so fleißig, wie wir es damals waren. So erzählten sie mir von ihrer Kindheit. Da hatten sie Hunger und Teuerung. Das Brot war so knapp gewesen, dass es zugeteilt wurde. Das tat mir gut zu hören; so schien es mir, wie gut wir es hatten, wir konnten gutes Brot, gute Butter und die gute Milch haben.

Kniplerske fra Østerby

---

[54] Die Großmutter Christiane Petersen stammte aus Stokkebro, Peter Jörgensen kann also ein angeheirateter Verwandter sein.

Um halb neun sollte ich wieder zu Hause sein, um Mutter beim Melken zu helfen. Und als wir 2 fertig waren, bekamen wir Abendbrot, das war ein bisschen aufgewärmter Kaffee und ein Stück Brot. Wie schmeckte das gut.

1859

Nun ist der erste Winter nach Vaters Tod vorbei. Zum ersten Mai kam ich nun auch raus in Stellung, bei Mutters Vetter[?] einem alten Bauern Nis Hansen, der eine ältere Haushälterin hatte. Ich schlief bei ihr in der Nacht. Tagsüber sehnte ich mich nicht, aber in der Nacht wollte ich im Schlaf aufstehen und nach Hause zu Mutter gehen. Da redete sie mit mir solange, bis ich wach war. Dann krabbelte ich schnell unter die Decke. Ich kann das so gut erinnern. Ich hatte es richtig gut dort. Ich wurde im Haus gut eingesetzt, musste jeden Tag aufs Feld und die Kühe heimtreiben. Und bis zum 1. November hatte ich drei Reichstaler verdient und ein Paar Holzschuhe.

So ging der Winter ja wieder seinen gewöhnlichen Gang. Ich war so glücklich, dass ich wieder in die Schule kommen konnte. Das war wie eine Art Ferien für mich, wieder in der guten warmen Schule zu sitzen. Und das Klöppelbrett kam ja auch wieder in Gang, und als Weihnachten näher kam, sollte ich Mutter helfen. Da wurde geschlachtet, Kerzen gezogen, gebacken, gewaschen, reingemacht. Das war eine geschäftige Zeit. Die Kerzen für Weihnachten mussten immer etwas dicker sein als gewöhnlich. Am Weihnachtsabend bekamen wir immer Gänsebraten und Sauerkraut, und am Lille Juleaften [das ist der 23. Dezember] gab es immer Æbleskiver ["Pförtchen"]. Wie auch am Königsabend kamen drei Kerzen auf den Tisch. Weihnachtsgeschenke wie heute kannten wir nicht. Wir konnten wohl einen Mann oder ein Pferd mit rotem Zucker drauf bekommen, aber das wurde aufbewahrt, die konnten wir uns nicht überwinden zu essen. Das Herz war von Freude erfüllt.

An den Weihnachtstagen kam ja auch mein Bruder Hans Hendrik nach Hause. Ich erinnere es so gut: am letzten Abend, als er zu Hause war, hatten wir Besuch von Nachbarn, und wir wollten so gerne zuhören, was sie erzählten. Aber um 8 Uhr sollte mein Bruder nach Stokkebro gehen, denn er sollte um 9 Uhr dort sein. Ich war 10 Jahre und meine jüngere Schwester 8. Wir beide sollten ihn ja denn begleiten bis zur Brücke von Stokkebro, denn da spukte es immer, wurde erzählt. Der Mond stand so schön am Himmel, und der Schnee knirschte unter den Füßen. Ein prächtiges Wetter war es. Aber es war doch so traurig, dass wir vom Fest zu Hause wegmussten. So kam ich auf den Gedanken, als wir ein ganzes Stück Weg gegangen waren, dass es doch recht beschwerlich war, obwohl es ja so hell wie mitten am Tag war. Wir entschieden uns schnell und kehrten um. So kamen wir ja nach Hause und ich erklärte, dass wir nichts sehen konnten, es war so beunruhigend. Da stand unser Nachbar auf und sagte, so will ich dich begleiten, kleiner Hans-Hendrik. So musste der arme Bruder doch wieder weg. Das klappte nicht.

1860
Nun hatten wir wieder den ersten Mai und ich kam zu meinem Onkel und meiner Tante nach Sjødamgaard, wo Schwester Anna war.[55] Im Winter kam ich nach Hause, um in die Schule zu gehen und auch zum Klöppeln. Da bekam ich drei blanke Taler und ein neues Kleid. Ich war glücklich, sie Mutter zu bringen.

1861
 Den nächsten Sommer kam ich wieder dahin. Ich erinnere, es war in der Erntezeit. Wir sollten raus nach Vaerr bei Højer gehen und Gras mähen, 2 Knechte, 2 Vettern und ich. So bekamen wir erst guten Kaffee, Kuchen und Brot und einen großen Frühstückskorb mit. Um 1 sollten wir los, denn es war ja ein langer Weg. Ich hatte mein Kattunkleid an, Socken und Holzschuhe und eine gute warme Jacke, denn es war kalt in der Nacht. Und der Wagen rollte so langsam dahin in der nächtlichen Stille. Als wir am Ziel waren, wurden die Pferde abgespannt und der Essenskorb wurde gut zugedeckt mit einer wollenen Decke, die wir mithatten. Und inzwischen war es auch hell geworden, so konnte die Arbeit ja beginnen. Es war ein langer Umgang, das kann ich erinnern. Das Gras war so kurz und so dick. Ich bekam große Blasen an den Händen von der Harke, ich musste ein Tuch um die Hand binden. Zuerst wurde bis 11 Uhr gearbeitet. Dann wurde das Gras zu trocken. Dann bekamen wir etwas Gutes zu essen, die Sensen wurden geschärft und dann ein guter Mittagsschlaf bis um 4 Uhr. Vorher konnten sie nicht anfangen. Dann blieben sie bei, solange sie noch etwas sehen konnten. Danach gab es ja Abendbrot und dann sollten wir unter Gottes freiem Himmel schlafen. So wurde das Gras gesammelt. Wir wickelten uns in die Wolldecken. Alles war so still. Nur die Seevögel schrieen. Ich war müde, ich schlief schnell ein. Als der Tag anbrach, sollten wir ja wieder aufstehen, um fertig zu werden. Als wir dann nach Hause kamen, hatten meine Tante und meine Schwester einen schönen Frühstückstisch für uns gedeckt.

Zu Hause beim Haus war es ja anders. Da mussten wir im Wasser waten, um das Heu heraufzubekommen. Dann wurde es auf das Trockene gebracht. Da war meine Schwester auch mit. So ging das mit bloßen Beinen, dann kam meine Tane mit einem großen Korb mit einer großen Kanne Kaffee. Sie hatte kleine Æbleskiver [Pförtchen] gebacken. Oh, wie schmeckte das gut. Das war die Gymnastik meiner Kindheit.

Einen Sonntag war meine Schwester Anna in der Kirche in Møgeltønder. Da hatte sie gehört, von Schwester Lene, dass die drei Geschwister zu Hause mit Masern lagen. So bat ich meine Tante, nach Hause zu gehen, um nach ihnen zu sehen. Tante wollte mir

---

[55] Anna, die Schwester ihres Vaters, war mit Hans Hendrik Sønnichsen auf Sødamgaard – südlich von Mögeltondern – verheiratet. Damals, 1860, war Hans Hendrik Sønnichsen auch Vormund von Lises gleichnamiger Schwester Anna und Lises Schwester Anna wohnte bei Hans Hendrik und ihrer Tante Anna.

das nicht gerne erlauben, denn es konnte ansteckend sein. Aber ich war nicht bange, und so bekam ich die Erlaubnis. Meine drei Geschwister lagen mit hohem Fieber. Ich war doch froh, dass ich sie gesehen hatte und mit ihnen gesprochen hatte. Ein paar Tage danach, als wir auf dem Feld waren, wurde ich krank und musste nach Hause ins Bett und bekam Masern und musste 14 Tage lang liegen. Aber ich kam danach schnell wieder hoch.

Zu Hause hatten wir Hochzeit gehabt. Meine Mutter verheiratete sich wieder, mit unserem Nachbarn Anders Skov. Er hatte eine kleine Landstelle neben uns.

Jetzt, da der Sommer zu Ende war, meinte meine Tante, dass ich nach Gallehus sollte, um hier bei meiner Kusine zu wohnen, die mit Matthias Stind verheiratet war.[56] So kam ich im Winter in die Schule in Toghale zum alten Jessen. Bei Matthias Stind waren 4 Kinder und es gab viel zu tun. Aber es war ja ein Mädchen mit.

1862

Im Frühjahr war ich ja draußen um [?] zu schlagen. Da hatte ich Keuchhusten, da dachte ich viel an zu Hause. Das andere Mädchen sollte ja mit aufs Feld, ich hatte den ganzen Tag im Haus zu tun, dafür sollten sie mir Kleidung stellen. So war es einen Tag spät im Sommer, das andere Mädchen hatte frei, es war ein Sonntag, da sollte ich nachmittags raus nach Møgeltønder, aber ich sollte gleich wieder zurückkommen. Als ich zu Schwester Lene kam, waren sie dabei, einen Kranz für den Vesterkro zu binden. Darum sollte ich warten und zusehen, bis er fertig war. Da kamen so viele Blumen und Bänder hinein, er war so hübsch. Aber die Zeit ging ja zu schnell. Ich kam zu spät nach Hause und meine Kusine war sehr ärgerlich, als ich kam. Nun sollte ich mich schnell umziehen und die Kühe nach Hause bringen. Das ging sicher etwas langsam, denn meine Kusine zog mich bei der Hand und half etwas nach, so dass ich gegen die Tür flog. Die sprang auf und weg war ich. Ich lief so schnell ich konnte nach Hause und erzählte es meinen Eltern. Ich konnte gerne zu Hause bleiben. Denn meine Tante hatte meine Mutter gar nicht gefragt, ob ich zu ihnen kommen durfte. Am nächsten Mittag kam Matthias Stind, um mich zu holen. Aber ich wollte nicht mit, denn ich war ja sonst immer im Winter zu Hause gewesen. So hatten sie ja auch noch Platz für mich. Nun hatte ich auch einen kleinen Bruder bekommen, über den ich sehr froh war. Aber ich war nicht lange zu Hause. Denn da waren ein paar alte Leute in der Nachbarschaft, die mich gerne haben wollten.

Nun war ich 13 Jahre. Die hatten einen Kolonialwarenladen, sie hatten drei Kühe und ein Pferd. Auf dem durfte ich aufs Feld reiten und zurück, das war ja 'was für mich.

Nun musste ich Abschied nehmen vom Klöppelbrett. Am 1. November sollte ich wieder zur Schule. Ich war jetzt 1 ½ Jahre weg gewesen. Aber ich fragte die großen

---

[56] Christiane Sønnichsen, geb. 1831, von Sødamgaard, Tochter von Hans Hendrik Sønnichsen und Anna Madsen

Mädchen, was sie zu lernen hatten. Und dann setzte ich mich auf die hinterste Bank. Als der Lehrer merkte, dass ich mit den Großen gelernt hatte, durfte ich mich nach vorne auf die Bank setzen.

1863

Schließlich hatten wir Examen. Ich erinnere, der Bischof aus Ribe war da. Er war so freundlich zu uns. Er bat uns, recht fleißig in die Schule zu kommen, wir sollten beibleiben zu beten. Dann zum Schluß sagte meine Mutter, oh Schiet auch mit diesem jungen. Diese Worte vergesse ich nie. Nach dem Examen sagte der Lehrer zu mir, nun müsste ich mich als dritte auf die vorderste Bank setzen. Ich war so glücklich. Ich war immer aufmerksam und passte auf, meine Sachen richtig gut zu lernen in der Zeit, in der ich in die Schule ging. Wir hatten einen sehr guten Lehrer.

Mittwoch nachmittag und Sonnabend war ich ja zu Hause. Wenn ich meine Lektion konnte, kam ich ans Spinnrad. Die Frau spann Flachs und ich spann Werg, auch an Winterabenden. Nun ging ich ein paar Mal die Woche zum Pastor.

1864

Der Winter ging viel zu schnell, als wir Abschied nehmen sollten von der Schule. Der Lehrer sprach so schön und ermahnte uns zu dem Guten. Diese Worte habe ich nie vergessen. Und er betete so besonders für uns. Dann sangen wir zum Schluß: so wollen wir nun einander Lebewohl sagen. Aber an dem Tag konnte ich nicht mitsingen. Ich wurde am 5. März 1864 bei Pastor Schmidt in Daler konfirmiert.

Daler kirke, 2013

So schwanden sie dahin, die glücklichen Kindheitstage,
Meine Ruhe, meine Freude, meine [?], sie schwanden dahin,
nur noch Erinnerungen habe ich zurückbehalten,
Gott, lass mich nie, nie vergessen sie.

Min Ungdom - Meine Jugend

Ich blieb noch ein Jahr bei den alten Leuten. In dem Sommer 64 starb ja Frederik der VII, da läuteten die Kirchenglocken jeden Mittag von 12 bis 1 14 Tage lang. Das Volk trauerte sehr um seinen König. Danach kam auch Militär, Ungarn, die hatten weiße Röcke mit rotem Kragen und Aufschlag, blaue Hosen mit gelben Litzen und Schnürstiefel. Da war ordentlich was los in dem früher so stillen Dorf. All die jungen Leute und die herrliche Musik, die sie mitbrachten. Draußen auf der Heide hatten sie eine kleine Schanze gebaut, da gingen sie täglich zum Schießen. Wir hatten zwei Mann, wo ich war, aber wir hatten keine Beschwer durch sie. Das schwerste war es ja mit der Sprache. Ein bisschen dänisch konnten sie, denn sie kamen aus Dänemark zu uns, sonst sprachen sie ungarisch. Aber sie waren friedlich zu haben. Sie konnten sogar sagen: „Smukke danske pige jeg elsker dig."[57]

Im Sommer hatten wir ja immer viel zu tun mit der Ernte und dem Getreide. Wenn es erst mal alles gut im Haus war, kam ja die gute alte Zeit wieder. Einmal hatten wir ein junges Pferd und ein Füllen, die auf den Markt sollten. Da fragte der Mann mich, ob ich mit wollte. Das wollte ich gerne, denn ich hielt viel von Tieren, und die kannten mich auch genau. Ich wollte wohl das Füllen ziehen, denn es war ja nicht so groß zum Halten. Da war Pferdemarkt draußen in der Neustadt. Ich hatte meine Holzschuhe an, denn die Pferde sollten mir ja nicht auf die Füße treten. Als das Pferd verkauft war, kam der Mann und nahm mir das Füllen ab. Dann durfte ich hin und Kaffee trinken und dann nach Hause gehen.

Bis jetzt hatte ich 6 Taler im Jahr verdient. Jetzt war ich 15 Jahre und sollte gerne etwas mehr verdienen. So kam ich ja hin zu dem ersten Bauernhof. Er gehörte zur Familie der Alten, wo ich gewesen war, als zweites Mädchen, wo ich hinkam. Da sollte ich 9 Taler haben. Da hatte ich es auch richtig gut. Da war ein Hauptmann und ein alter Diener, und später bekamen wir österreichische Jäger in grauen Uniformen und einem großen Federbusch auf dem Hut. Es war ja immer lustig zu der Zeit. Die Soldaten wurden überall gut aufgenommen. Als sie fortgingen, geschah es mit Wehmut, denn da ging es nach Düppel. Wir trauerten ihnen sehr nach, als sie weg waren, denn nun wurde alles so still und ruhig wie vorher.

1865

Nun ist wieder ein Jahr vergangen und ich bin jetzt 16. Da wurden ein paar junge Leute verheiratet, bei denen ich einen Platz in ihrer Familie bekommen konnte. Da sollte ich 17 Taler haben. Dort hatte ich sechs Kühe zu melken, im Sommer jeden Tag aufs Feld. Aber wenn die Ernte gut im Haus war, so gab es ja ein Erntefest. Welche Freude war das für uns. Es wurde immer auf einen Sonnabend gelegt. Alle, die geholfen hatten, wurden ja eingeladen. Dann gab es ja Fleischklößchensuppe, mit

---

[57] „Schönes dänisches Mädchen, ich liebe Dich." Lise war ja immerhin schon 15 zu der Zeit!

weißen Klößen mit Korinten darin, und Meerettichsoße zum Fleisch. Und danach gab es Kaffee mit selbstgebackenem Kuchen. Und die Knechte bekamen jeder zwei Punsch.

Um 7 Uhr waren wir fertig mit Melken und allem. Dann gingen wir auf den Hof, wo ich zuerst gedient hatte. Denn die hatten einen großen Pesel, und da sollten wir ja tanzen. Denn sie hattten auch Erntefest. Da gab es zwei, die auf der Violine spielten. Danach gab es belegte Smørrebrote und Kaffee, da bekamen die Knechte drei Punsch. Und so tanzten wir ja die ganze Nacht, denn am Sonntag, als wir fertig waren, konnten wir ja schlafen. Auf dieses Fest freuten wir uns den ganzen Sommer, und noch lange danach. Glückliche Jugend.

Im Winter waren wir ja immer um 1 Uhr mittags fertig und konnten in der warmen Stube am Spinnrad sitzen. Da wurde ja meistens selbstgemachtes Leinen gebraucht. Wir backten auch und brauten Bier.

1869
Nun bin ich 4 Jahre hier gewesen und hatte es richtig gut. Wir bekamen gute Kost. Ich war wie zu Hause. Der Name des Mannes war Krestian Johansen. Er war dänischer Soldat gewesen, aber musste 70 mit nach Frankreich, wo er krank wurde und starb.

1870
Seine Frau war eine geborene Kadstesen aus Braderup. Sie wurde später verheiratet mit Kresten Markussen aus Braderup. Er ist längst tot, aber sie ist fast 90 Jahre alt und lebt als Witwe bei einem ihrer Kinder. Es ist der 20. August 1929, da ich diese Zeilen schreibe. Und am 26. werde ich 80 Jahre. Es ist lange her, seit wir zusammen waren, und doch denke ich, dass die Zeit so nahe liegt. Der Abschied war nicht so leicht, denn wir hatten zwei kleine Kinder, von denen ich viel hielt. Aber die Reise ging nicht so weit, denn die Reise ging nur bis Møgeltønder, und die kleine Stadt war mir lieb und bekannt seit meiner Kindheit.

Da bekam ich einen Platz beim Klöppelhändler Detlev Hansen. Da hatte ich es ja auch richtig gut. Es gab keine Feldarbeit. 3 Kühe hatten wir. Das war eine leichte Stelle.

1871 ff
In den 70ern war es etwas unruhig. Viele junge Leute wanderten nach Amerika aus. Es gab oft Vorträge im Westerkro. Und einige mussten ja nach Spandau wandern, darunter war auch Redakteur Willemoes.[58] Die Møgeltønderner waren ja immer bekannt dafür, fest zu ihrer Fahne zu stehen.

---

[58] C.A. Willemoes war in preußischer Zeit Redakteur der dänischsprachigen Zeitungen Vestslesvigs Tidende in Møgeltønder und Flensborg Avis. Mit „Spandau" ist das Gefängnis in Berlin für die Personen gemeint, die aus politischen Gründen von preußischen Gerichten verurteilt worden waren. 1871 war er für einen Zeitungsartikel zu 4 Monaten Gefängnis verurteilt worden, seit 1872 lebte er dann in Dänemark – s. http://www.graenseforeningen.dk/leksikon/w/all/5888, September 2012.

1873
Nun bin ich drei Jahre in Møgeltønder gewesen. Ich hatte Lust auf Amerika, aber das wollte meine Mutter nicht gerne haben. Frau Hansen meinte, ob ich nicht Lust auf Kopenhagen hätte, denn da hatte sie einen Schwager, da könnte ich hinkommen. Aber daran dachte ich nicht. Ich wollte so gerne deutsch sprechen lernen. So bekam ich eine Stellung bei Landrat Bleicken, als Küchenmädchen.[59] Danach lernte ich kochen. So wurde ich Mamsell. Da war ich 5 Jahre. Die deutsche Sprache bekam ich auch gelernt, ich konnte mich verständlich machen.

1878
1878 wurde ich verlobt mit einem Gärtner, der aus Elbing, Westpreußen, war. Er war als Gärtner bei Herrn Weber, Stadt Hamburg.[60] Es wurde ein kleines Haus gebaut für uns, unten in der Popsengade, das noch steht. Wir hatten Hochzeit am 27. November 1878.[61] Wir hatten ein gutes Stück Land, ein Treibhaus und Mistbeete und alles stand so gut. Mein Mann hatte auch eine kleine Hecke rund um das Land gepflanzt.

1879
So wurde es 79, am letzten Augusttag wurde unsere älteste Tochter Else geboren. Und ein paar Tage danach kam eine Sturmflut in der Nacht. Das Wasser stand bis zu unserer Tür. Alles war vernichtet. Mein Mann watete in hohen Stiefeln, um Steine und Bretter auf den Weg zu legen, damit die Leute zu uns herunter kommen konnten. Wir begannen mit wenig und hielten es zusammen. So verliert man ja leicht den Mut, und das tat mein Mann ja auch. So riet Herr Weber ihm, sich als Grenzaufseher bei Hvidding zu melden, der damals gerade gesucht wurde. So bekam mein Mann einen

---

[59] Matthias Bleicken, 1822-1883, stammte aus Keitum auf Sylt, war 1848 Mitglied der provisorischen Regierung von Schleswig-Holstein gewesen und musste deshalb nach dem Ende der schleswig-holsteinischen Erhebung – dänisch: Dreijahreskrieg bzw. -Aufstand – die Herzogtümer verlassen. Als preußischer Landrat von Tondern ab 1867 war er bei Deutschen und Dänen gleichermaßen angesehen. Sein Bruder Bleicke Matthias Bleicken war später Bürgermeister in Ottensen, heute Ortsteil von Hamburg-Altona, s. Sylt-Lexikon S. 37/38.

[60] Hotel Stadt Hamburg, später in dänischer Zeit Hotel Tønder, Westerstraße 25 = Vestergade 25. Conrad Ferdinand Weber war Eigentümer des Hotels von 1862-1880; es hatte ein großes Gartenlokal „Webers Lustgarten".

[61] Verheiratet mit Carl Theodor Brandt, * Elbing/Ostpreußen, der bei der Hochzeit 26 Jahre alt war, also 1852 geboren und drei Jahre jünger als Lise. Er war der Sohn des Kunst- und Handelsgärtners Heinrich Brandt und Ernestine geb. Herzfeld in Elbing. In der Familienüberlieferung, die der Autor gehört hat, war der Name Max Brandt, aber alle Eintragungen in den Kirchenbüchern lauten „Carl Theodor". Elise selbst nennt in diesen Erinnerungen den Vornamen nicht ein einziges Mal, sondern spricht nur von „mein Mann/ min mand". Man kann vielleicht nachdenken, ob die Ehe in ihrer Familie nicht willkommen war, denn sie heiratete nicht in Daler Kirche sondern in Tondern, und die Trauzeugen kamen nicht aus Osterby sondern waren Schmied Hinrich Steffen – der Ehemann ihrer jüngsten Schwester Karoline – und Niels Thomsen Nielsen, beide aus Tondern – alles nach dem Tonderaner Kirchenbuch 1796-1907, viede, 1878 Nr. 28, www.sa.dk, Oktober 2011.

Kursus für vier Wochen und wurde auch angestellt. So verkauften wir ja alles, was im Treibhaus war. Und zum 1. November 1879 reisten wir ja dann nach Hvidding. Wir reisten mit dem Tageswagen. Damals lagen da nicht viele Häuser. Zuerst kamen wir zu dem alten Kro, dann kam das Zollhaus, und ganz weit weg direkt bei der Grenze lag ein kleines Reetdachhaus, und dort wohnten wir. Und auf der anderen Seite der Grenze war es auch einsam, da war kein Baum und kein Haus wie jetzt. Im Jahre 1918, als wir nach Dänemark reisten, um etwas Lebensmittel zu besorgen, da war ich auch mit, und suchte nach dem kleinen Haus. Aber ich erkannte es nicht mehr wieder. Alles war da bebaut und bepflanzt.

1880
Wir wohnten ein Jahr dort, mein Mann hatte viel freie Zeit. Einmal wurden von der Heidegesellschaft drei Prämien ausgesetzt, wer das beste Buch über Heidebepflanzung schrieb. Der Hausgarten im Heidegegend. [In Lises Original so auf deutsch] Mein Mann opferte seine Freizeit dafür und bekam den ersten Preis.[62] Alle diese Bäume stammen gewiß von dem kleinen Buch, das mein Mann schrieb, ebenso Aufsätze in dem kleinen Blatt hier in Tondern, als sie den Sumpf in eine hübsche Anlage verwandeln und Tondern verschönern wollten. Damals wohnte hier ein Rektor Fast, der an meinen Mann schrieb, ob er ihnen nicht erklären wollte, wie sie das anstellen sollten. Und das hat mein Mann ihm ja geschrieben. Da wohnte auch ein Bahnvorsteher Lukt, der uns oft besuchte, als wir hier wohnten. Er liebte auch die Natur. Er hat gewiß mitgeholfen, dass es Wirklichkeit wurde. Ich weiß, mein Mann hat auch für andere Blätter geschrieben, wofür die ihm Geld gezahlt haben, weil seine lehrreichen Aufsätze gerne gelesen wurden.[63]

1881
Nun hatten wir ein Jahr in Hvidding gewohnt. Mein Mann hatte keine Lust mehr. Er sehnte sich nach seiner Gärtnerei. So verkauften wir unsere Möbel, ich reiste zunächst nach Hause mit meiner kleinen Else, mein Mann reiste hinunter an den Rhein. Ich war noch nicht lange zu Hause, da kam eines Tages Frau Landrat vorgefahren. Sie hatte gehört, dass ich zu Hause war, und wollte mich so gerne mithaben, weil sie immer so viel Besuch bekamen. Aber den Tag konnte ich nicht mitkommen, weil wir beim Saubermachen waren. Aber am nächsten Tag fuhr ich. Als der Besuch weg war, kam

---

[62] „Die Anlage von Hausgärten in Haide-Gegenden Schleswig-Holsteins", gedruckt 1882 in Wilster, „mit dem ersten Preis belegte Preisschrift des Haide-Kultur-Vereins für Schleswig-Holstein 1881" – so das Titelblatt des Buches, s. Titelblatt und Inhaltsverzeichnis hier Seiten 29 f.
[63] Ein weiteres Buch wurde 1883 in Flensburg gedruck: "Der Obstbau in rauhen Gegenden, mit besonderer Berücksichtigung Schleswig-Holsteins und der angrenzenden Küstenländer, nebst einem Anhang über die Kultur der Fruchtgesträucher. Mit 1 Gartenplan und 20 Abbildungen in Holzschnitten.", Flensburg, Westphalen, 1883. Quelle für beide Bücher: Lexikon der Schleswig-Holstein-Lauenburgischen und Eutinischen Schriftsteller 1866-1882, Dr. Eduard Alberti, Kiel, 1885.

meine kleine Else raus zu mir. Solange war sie bei Schwester Jane gewesen, die auch in Østerby wohnte. So waren wir da bis Anfang März. Dann kam mein Mann und holte uns. Ich erinnere, es war ein harter Winter und viel Schnee. Zuerst waren wir ja zu Hause, um Abschied zu nehmen, Der Schnee lag an vielen Stellen so hoch, dass wir fast nicht durchkommen konnten. Ich erinnere den Morgen, als wir mit dem 8-Uhr-Zug von Tondern fuhren. Die Sonne schien so schön, aber es war bitterkalt. Als wir dann auf der anderen Seite von Hamburg durch die Lüneburger Heide kamen, war der Schnee verschwunden. So kamen wir durch den Teutoburger Wald, wo mein Mann mir das Hermannsdenkmal zeigte, und das wunderbare Westfalen mit den kleinen bunten Strohdachhäusern. Da war viel Holz in den Häusern verbaut und sie waren oft so bunt gemalt. Das war sehr hübsch dort. Am ersten Tag kamen wir nicht weiter als bis Osnabrück. Da kamen wir am Abend um 12 an. Wir fuhren ja mit Personenzug 4. Klasse, da gab es keine Bänke, um darauf zu sitzen, und jede Station hielt der Zug. Das ging nicht so schnell wie heute. In Osnabrück blieben wir bis 4 Uhr morgens, dann waren wir in Düsseldorf um 10 ½ und in Benrath um 11 Uhr. Da war es sehr schmuck. Da stand alles in voller Pracht, und die Herrschaft, wo wir hinkamen, war herzlich zu uns. Ich fühlte mich fast wie zu Hause. Sie hatten einen sehr großen Garten, der ganz neu angelegt werden sollte, um ihn nachher zu verkaufen. Denn sie hatten eine Farm in Amerika, die sie danach bewohnen wollten. Sie waren Lutheraner, sonst waren die meisten Katholiken.

Am Rhein war es sehr schön. Da war ich gerne. Am Sonntagmorgen standen wir immer früh auf, während unsere kleine Else noch schlief. Dann sind wir zum Rhein hinuntergegangen und überall hin, wo es schön war etwas zu sehen. Da gab es auch einen großen Obst- und Gemüsemarkt. Das war an einem Sonntag, als alles in voller Blüte stand. Das war wie ein weißer Teppich über allem. Es kamen viele Fremde, um die Pracht zu sehen. Auch entlang der Wege gab es Obstbäume. In Benrath lag da auch ein schönes Schloß, das Kaiser Wilhelm gehörte, mit einem großen herrlichen Park. Ein paar Mal waren wir auch in Düsseldorf, mit der schönen Anlage mitten in der Stadt. Ich habe viel von den Schönheiten der Natur gesehen.

Es ist nun 50 Jahre her seitdem. Es hat sich bestimmt viel verändert seit der Zeit. Aber, liebe Tochter, solltest du einmal Gelegenheit haben, dorthin zu kommen, so denke dran, dass deine Eltern dort gewandert sind.

Nun ist mein Mann hier fertig. Als wir abreisten, bekam ich ein Goldstück 20 Mark von der Frau, dafür sollte ich mir etwas kaufen, um an sie zu denken. Der Mann mit der ältesten Tochter war schon fort nach Amerika, und die Frau mit der jüngsten reiste nach.

Wir reisten von da ab um 10 Uhr abends, so waren wir erst am nächsten Tag in Berlin.

Da hatten wir Aufenthalt für 4 Stunden. Da standen so viele Droschken am Lehrter Bahnhof. Dann bekamen wir eine Nummer und den Wagen mussten wir suchen, um zum Schlesischen Bahnhof zu fahren.[64] Da waren wir, um etwas zu essen zu bekommen. Abends um 8 ging es dann weiter nach Elbing. Da kamen wir erst am nächsten Nachmittag an. Meine Schwiegereltern hatten eine große Gärtnerei. Es waren tüchtige und gewissenhafte Leute, mein Mann war tüchtig und fleißig. Aber wenn es uns gut ging, sollte es uns immer noch besser gehen. Er hatte keine Ausdauer. In Elbing blieben wir einige Tage. Dann ging es nach Königsberg, da bekam mein Mann eine Stellung auf einem Adelsgut Graskörben. So fuhren wir zuerst mit dem Zug nach Braunsberg. Da hielt ein Wagen mit 4 Pferden, in den wir einsteigen sollten. Davon habe ich nie geträumt, dass ich mit 4 Pferden davor fahren sollte. Es war alles schmuck und gut, bis wir in das Dorf kamen. Das war so verfallen und da sah es so arm aus. Die Häuser waren baufällig und die armen Leute sahen nur arm aus. Und doch waren sie zufrieden, denn sie kannten ja nichts anderes. Als wir so näherkamen, lag da ein prächtiges Schloß mit einem großen Park, wo 2 Baronnessen Schimmelpfennig v.d.O. wohnten.[65] Und da in der Nähe lag ein kleines Haus, wo wir wohnten, da hatten wir zwei kleine möblierte Stuben und eine kleine Küche. Es gab keinen Kaufmann und keinen Bäcker. Ich hatte nichts mitgebracht, aber die Leute wollten mir ja gerne mit Brot aushelfen. Denn sie bekamen ja Korn geliefert, das backten sie selbst. Sie hatten einen großen Pott mitten auf dem Tisch, das sollte Kaffee sein, aber es sah aus wie Zimtwasser. Aber da reichten sie alle hin mit ihrem kleinen Becher, um sie gefüllt zu bekommen. Die waren nicht so verwöhnt wie wir. Es wohnten auch viele in einem Haus.

So war ich auch hin, um die Baronesse mit Handkuß zu begrüßen. Da fragte ich, ob es nicht möglich wäre, ein Pfund Butter zu bekommen. Aber das ließ sich nicht machen, denn sie hatten nicht mehr als für ihren eigenen Bedarf. Aber dann lehrte mich die Baronesse, von einem Liter Milch, den wir morgens bekamen, zu buttern. Sie gab mir eine große Flasche, da kam die Milch hinein. Dann sollte ich beibleiben, sie zu schütteln. So bekam ich Butter und müde Arme. Die nächste Stadt war Mehlsack, dort musste ich ja hin, um einzukaufen. Es war sehr katholisch da. Überall waren da kleine Steinhäuser gebaut, wo Mutter Maria stand mit dem Jesuskind, auch in der Stadt, wo Jesus am Kreuz hing. Ich wurde gut behandelt. Die Leute waren flink, ich kam gut nach Hause, obwohl ich ja dachte, der Weg wäre so lang, denn er war mir ja fremd.

---

[64] Berlin Lehrter Bahnhof ist heute der Hauptbahnhof, der Schlesische Bahnhof ist heute der Ostbahnhof – zu DDR-Zeiten hieß dieser Ostbahnhof Hauptbahnhof.
[65] Beim Suchen im Internet findet man in Ostpreußen eine adelige Familie Schimmelpfennig von der Oye. Es gab mehrere Zweige dieser Familie, und so ist es mit diesem Text nicht möglich festzustellen, wo Lise gewesen ist und welcher Familienzweig es war.

Hier auf dem Gut ging alles nach der Uhr, die um 5 Uhr morgens läutete. So hatten sie eine halbe Stunde am Vormittag, am Mittag von 12 bis 1 Uhr, am Nachmittag eine halbe Stunde und dann bis 8 Uhr. Junge und Alte, alle sollten ja arbeiten auf dem Gut. 20 Luxuspferde hatten sie. Wieviele Arbeitspferde sie hatten, weiß ich nicht, denn sie fuhren ja täglich mit 4 vor allen Wagen. Dann eines Tags kam der Baron, und es war gerade in der Mittagszeit. Dann kam das Stubenmädchen: „Die gnädige Baronesse ließ den Gärtner bitten." [In Lises Original auf deutsch.] Wir saßen gerade beim Mittagessen. Mein Mann sagte, um 1 Uhr bin ich da. Aber das Stubenmädchen kam sofort wieder: „Die gnädige Baronesse ließ den Gärtner sofort bitten." So stand mein Mann vom Tisch auf und ging hinüber in den Park. Dort hatte die Baronesse ihn empfangen, aber sie war ebenso schnell wieder verschwunden, denn mein Mann hatte ihr die Wahrheit gesagt, und das mochte sie wohl nicht leiden zu hören. So wurde uns vom Inspektor gekündigt, das Gut am Sonnabendabend um 9 Uhr zu verlassen. Ich war froh, dass wir reisen konnten. Es war die einzige Stelle, wo ich nicht gerne gewesen bin. Dann kam da ein Gärtner von Mehlsack mit einem Wagen, um uns abzuholen.

Dort blieben wir über Nacht. Am nächsten Tag fuhr er uns nach Braunsberg und dann ging es mit dem Zug nach Königsberg. Dort wohnten wir im Gasthof Zum Deutschen Kaiser. Es war gut und billig dort.

Dann bekam mein Mann Arbeit als Gärtner auf Mittelhufen bei Königsberg im Flora.[66] 3 Gärtner und viele Arbeitsleute. Mitten im Park lagen ein großes Restaurant und vier Häuser. Dort hatten wir ein paar möblierte Zimmer und 1 Küche. Da war es sehr schön. Jeden Tag kamen 15 Lohndiener von Königsberg. Von 4 Uhr nachmittags bis 12 Uhr war jeden Tag Konzert. Da war so viel zu sehen, jeden Tag etwas Neues. Alle Arbeit sollte ja bis 4 Uhr fertig sein. Ich erinnere, da war so eine wunderschöne Wunderfontäne. Zuerst war das Wasser wie Kristall, dann wurde es wie Silber, und wie Gold rieselte es hinunter, und zuletzt stieg dort eine herrliche Jungfrau mit langem Goldhaar auf. Das war etwas vom Schönsten, das ich je gesehen habe. Jeden Tag war da ja Blumenverlosung, Alpenglühen und Bengalische Beleuchtung. Alle die großen herrlichen Blumenbeete rundum mit elektrischem Licht und verschiedenfarbigem Glas.

Dort waren wir drei Monate.

Dann wurde ein Vertreter des Forstbeamten gesucht in Pillau. Darauf meldete sich mein Mann, aber wir hörten nichts mehr davon. Dann wurden Bäume gepflanzt, draußen vor Königsberg, darüber hatte mein Mann die Aufsicht. Da wohnten wir in Kleinmerauen. Wenn wir nach Königsberg sollten, mussten wir durch das Tragheimer

---

[66] In späterer, noch zu deutscher Zeit, wurde Mittelhufen ein Stadtteil von Königsberg und Sitz des Zoologischen Gartens.

Tor, nach Mittelhufen ging es durh das Steindammer Tor. Ja, da bin ich oft mit meiner kleinen Else gegangen.

Als mein Mann da fertig war, kamen wir hin auf ein Rittergut Lichtenfelde bei Tharau. Da fuhren wir auch mit 4 Pferden vor, von Königsberg. Der Herr und seine Frau waren tüchtige Leute. Ein kleines hübsches Dorf gehörte zum Gut, neue Häuser mit einem herrlichen Garten dabei. Da hatten die Leute es sehr gut, wir wohnten gerne dort. Als wir 14 Tage da wohnten, bekam mein Mann Post aus Pillau, dass er dort angenommen war.

Mein Mann freute sich ja über alles, das neu war. So mussten wir uns ja wieder zur Reise rüsten. So reisten wir ja wieder nach Königsberg und von dort nach Pillau. In dem schönen Pillauer Forst lag da ein kleines hübsches Haus mit Hirschgeweih über der Tür. Mitten im Forst gab es ein großes Restaurant mit Konditorei, und der Wirt war ein Schulkamerad von meinem Mann, ein Elbinger. Der schickte uns alles nach Hause, was wir brauchten, denn Möbel hatten wir nicht. Dort wurden wir immer gut bewirtet, mit Kaffee und Konditorkuchen, und wenn wir nach Pillau mussten, blieb unsere Else dort zum Spielen mit den zwei kleinen Jungen Anton und Fritz Hark. Mein Mann war ja den ganzen Tag unterwegs und oft in der Nacht. Es wurde viel Wilddieberei betrieben und jeden Morgen mußte er Rapport ablegen beim Kommandanten von Kleif. Der begrüßte ihn mit „Guten Morgen, mein lieber Herr Brandt." [In Lises Original auf Deutsch] Major Jakobs, er war strenge preußische Disziplin im Dienst, aber privat war er flink. Sonntags waren wir manchmal zwischendurch in Königsberg. Da war ja auch viel zu sehen. Da haben wir auch Königsberger Rinderfleck gegessen, das schmeckte gut.[67] Das nennt man hier Plukkeflekk, das war sehr berühmt. Am Morgen gingen Frauen damit auf die Straße. Da hatten sie 2 Eimer in Gebrauch, gefüllt mit Rinderfleck, und einen Korb mit Rundstücken, ein Halb-Liter-Maß. So konnten die Leute so viel von diesem [?] kaufen wie sie wollten. In jedem Restaurant war es zu haben.

Einmal waren wir mit einem Schiffer draußen zum Segeln. Da lag ein großes Schiff draußen im Hafen, und da stand Kjøbenhavn drauf. Da rief ich: „Taler de dansk?". Da antworteten sie „Jo!" Da sang ich: „I Danmark er jeg født, der har jeg hjemme."[68]

---

[67] „Der Königsberger Fleck oder die schlesische Pansensuppe "Flaki" wurde im 19. Jahrhundert in Königsberg und Schlesien als Imbiss auf der Straße verkauft. Zur Zubereitung wird der Rinderfleck mehrere Stunden mit Markknochen gekocht, ehe verschiedenes Wurzelgemüse wie Sellerie und Petersilienwurzel sowie Zwiebeln und Lorbeer hinzugegeben und mitgekocht werden. Wenn die Kutteln weich sind, werden sie klein geschnitten, mit Mehlschwitze gedünstet, wieder in die Brühe gegeben und mit Essig und gehacktem Majoran abgeschmeckt. Zum Nachwürzen werden Senf, Essig, Salz, Pfeffer und viel geriebener Majoran auf dem Tisch bereitgestellt." http://de.wikipedia.org/wiki/Kuttelsuppe, Oktober 2011

[68] „Sprecht ihr dänisch?" „Jo!". „In Dänemark bin ich geboren, da bin ich zu Haus!"

Dazu bekam ich solche Lust, als ich das Schiff sah. Ich sprach immer dänisch mit meiner kleinen Else, so lernte sie ja beide Sprachen.

Bis zum 1. Januar 1882 sollten wir ja in Pillau bleiben. Mein Mann hatte als Soldat in Minden in Westfalen gelegen. So schrieb er an seinen Hauptmann, ob er ihm zu einem guten Platz verhelfen könnte. Er bekam auch sofort Antwort mit einer Visitenkarte dabei, die sollte er mitschicken, es war beim russischen Hofjägermeister. Er und seine Frau waren beide Deutsche und ein guter Freund. So schrieb mein Mann, bekam schnell Antwort. „Von vilen Bewerbern wurde er bevorzugt, weil Er von sein Freund der Hauptmann sehr empfohlen war, es gab freie Statsion und 1600 Rubel im Jahr." [In Lises Original so auf deutsch] Er bat schnell um Antwort pr. Draht. Mein Mann sagte „Hver weiss, wie es in Russland aussiedt, wir wollen liber im Lande bleiben." [In Lises Original so auf deutsch]

Mein Mann hatte einen guten Bekannten in Brede, das war Herr Hoiberg Wolf, um ihn zu fragen, ob er nicht vielleicht ein Stück Land hätte, das für eine Gärtnerei passen könnte.[69] Da bekamen wir einen Brief, er hätte ein kleines Haus mit einem guten Stück Land, das wir in Bredebro im Januar 82 haben könnten. So dachte ich, es wäre das beste, wenn ich zuerst reiste, in den Umständen, in denen ich war. Denn wir wohnten so alleine. So reiste ich mit meiner kleinen Else mit einem Frachtdampfer von Pillau am Montag 25. November. Ich war die ganze Zeit sehr krank, wir hatten Sturm und Unwetter, ich konnte die Wellen über das Schiff schlagen hören. Aber Gott bewahrte uns ja, dass wir nicht vergehen sollten. Meine kleine Else war nicht krank. Ich konnte nichts vertragen, nur etwas Obst und und oft ein Glas Wein. Sonnabend morgen am 28. kamen wir in den Kieler Hafen, da konnte ich zum ersten Mal aufstehen. An dem Morgen konnte ich Kaffee haben. Das Schiff hatte als Fracht Granaten und Weizen, es kam ein Zollbeamter zum Begutachten. Am Mittag, als wir fertig waren, gingen der Kapitän und der Steuermann nach Hause. Der Koch hatte eine herrliche Suppe gekocht, und Braten mit Gemüse. Der Zollbeamte, Else und ich und der Koch ließen uns das Essen gut schmecken an dem Mittag, danach bekamen wir eine gute Tasse Kaffee. Dann bekamen wir noch herrliches Butterbrot mit für unterwegs. Wir blieben auf dem Schiff bis 4 Uhr, so dass wir gleich mit dem Zug reisen konnten. Aber ich ging und schwankte, als ob ich voll war. Aber wir bekamen einen guten Platz im Zug 3. Klasse, wo da eine einzelne Dame saß. Und sie hatte viel schönes Obst, das sie uns anbot.

Niemand wußte zu Hause, dass wir kämen. Vier Schwestern hatte ich hier in Tondern, die alle verheiratet waren. Schwester Sofia wohnte auf der Schiffbrücke/Skibbroen, sie hatten nur wenig Platz, aber es war doch Herzensraum für uns. Bei Schwester Anna war da Gänsespiel, da ging es lustig zu. Als wir kamen, meinte Schwester Sofia, dass

---

[69] in Nordschleswig/Sønderjylland

ein Betrunkener vor der Tür wäre, denn ich ging ja so und taumelte. Aber dann hörte sie, dass ich mit meiner kleinen Else sprach. Da riß sie die Tür auf und war so herzlich zu uns und schickte gleich die Nachricht zu meinen anderen Schwestern. So war ich da ein paar Tage, dann wohnte ich bei meiner Schwester Lene in der Norderstraße/Nørregade. Dort wurde Max am 7. Dezember 1881 geboren. Dort war ich 14 Tage, dann waren wir eine Zeitlang bei Schwester Jane und danach wohnten wir bei Frau Johannsen, Østergade/Osterstraße.

1882

Im Januar kam mein Mann, dann ging es nach Bredebro. Dort wohnten wir vier Jahre. Im Sommer hatten wir ein paar Gehilfen, wir hatten auch viel Gemüse, das mit dem Tageswagen geschickt wurde. So verkaufte ich das meistens privat. Viele tausend Gurken habe ich verkauft.

1885

In Bredebro wurde Malvine geboren den 5. April 1885. Es war der erste Ostertag.[70]
Dann war mein Mann einestags in Flensburg. Da war er auch in Angeln gewesen. In Husby hatte er ein großes Stück Land gepachtet. Er hatte solche Lust bekommen, als er das herrliche Stück Land sah. Aber das sollte auch unsere letzte Reise werden. Zum 1. November 1885 reisten wir dorthin.

1886

Am 27. Januar 1886 starb unsere kleine Else an Diphterie im Krankenhaus in Flensburg. Das kleine Mädchen hatte schon so viel mitgemacht und war mit an so vielen Stellen gewesen.

---

[70] Was Lise nicht schreibt, ist eine Begebenheit, die ihr sicher nicht passte und die im Kirchenbuch von Bredebro steht, unter Getaufte 1885, ausgestrichene Nummer 13. Dort findet sich folgender Eintrag für Geborene den 5. April und Getaufte den 19.4. 1885, hier angegeben in der deutschen Übersetzung (Original in dänisch Fußnote 21, Seite 26):
„Bertha Malvine Brandt, Tochter des Gärtners Carl Theodor Brandt und seiner Frau Elise geb. Madsen in Bredebro,
Gevattern:
   1. Schlachter Peter Friis in Skærbæk
   2. Gärtner O. Heilmann aus Waldenburg (Schlesien)
   3. Ehefrau Sophie Nielsen in Tondern
   4. Ehefrau Koopmann in Tondern
Bemerkung: Berta Malvine Brandts Taufe wurde nicht vollzogen, weil ihr Vater, nachdem die Taufe bestellt war und der Eintrag im Kirchenbuch schon vollzogen war, persönlich im Pastorat erschien und erklärte, dass er sein Kind nicht getauft haben wollte. Die vorstehende Durchführung ist, da das Kind also nicht getauft wurde, ansonsten ausgefallen."
Man kann darüber nachdenken, ob Theodor Brandt, der aus dem katholischen Ermland kam, katholisch war und sein Kind nicht lutherisch getauft haben wollte. Anderseits: Die zwei älteren Kinder waren lutherisch getauft.

Danach wurde mein Mann nervenkrank. Er lag einige Tage in Kiel. Ich schrieb an Schwester Jane und Schwager Peter Friis, wie es uns ging. Damals wurde die Westbahn gebaut und es wohnten 10 Leute bei ihnen in Logis. Sie schrieben, ich sollte mit den Kindern hinkommen. Ich könnte ihnen behilflich sein. Als mein Mann aus Kiel kam, wurden die Gehilfen verabschiedet und alles wurde verkauft. Dann kam mein Mann erst ins Krankenhaus nach Tondern und dann nach Schleswig. Ich reiste mit den Kindern nach Skærbæk, wo ich mich nützlich machen konnte. Dort wohnten wir einige Monate lang. Dann wurde meine Mutter krank, sie bekam Lungenentzündung. Als Mutter wieder gesund war, war ich eine Zeit lang bei Schwester Lene in Tondern.

1887

87 im November bekam ich den Platz im Hospital als Wärterin. Max wurde im Dezember 6 Jahre, ihn durfte ich mitnehmen und meine kleine Malvine blieb bei Schwester Jane.

1897

Als Max 16 Jahre war, wurde er konfirmiert.[71] Er hatte Lust auf die See. Aber die erste Reise hatten sie viel Sturm und Unwetter. Er war auf einem Schiff von Hoyer nach Hamburg, die Reise dauerte 14 Tage. Da wollte er nicht mehr mit. So kam er in die Lehre bei Schmiedemeister Sikkelsen [?] in Hoyer.

Hier ist ein Blatt = 2 Seiten aus dem Buch herausgetrennt

beim Bahnhof und wurden in ihrem Haus aufgenommen, bis alles in unserem neuen Haus eingerichtet war, so dass wir einziehen konnten. Dafür sage ich euch vielen Dank, Gott segne euch dafür. Unser neues Heim war in der Ullegade [wohl: Ulvgade, damals Wolfstraße], wo Pipgras wohnt. Wir hatten alles an Seminaristen vermietet. Wir hatten selbst nur unser kleines Schlafzimmer. Wir hatten 5 Seminaristen bei uns wohnen und 10 zum Essen.

1914

Aber 1914 kam der Krieg. Es war gerade in den Ferien. Einige von ihnen wollten nicht bezahlen, denn nun gingen sie mit in den Krieg. So hatten wir ein leeres Haus. Danach kamen da ja Fremde von Hamburg und Kiel. So bekamen wir es ja wieder vermietet.
Oft hat es so dunkel ausgesehen. Aber liebe Malvine, Du wußtest immer Rat wenn ich keinen Ausweg wusste. Dein Geld, das du geerbt hast, hast du mir gegeben.[72] 20 Jahre bist du zu Hause gewesen, wir haben Sorge und Freude miteinander geteilt. Wir freuen uns ja über jeden Tag, den wir noch zusammen sein dürfen. Du sagst ja, ich bin nicht wie deine Mutter, ich bin wie eine Schwester, weil wir uns so gut verstehen können.

---

[71] 21.2.1897 in der Kirche von Tondern, Tondern Kirchenbuch, Konfirmierte, 1871-1904, 1897 Nr. 1
[72] Theodor Brandt war also offenbar inzwischen gestorben.

1917
1917 starb unser lieber Max.[73] Am letzten Morgen rief er: „Nu døe jeg!" [„Jetzt sterbe ich!"] Da betete Malvine das Vaterunser. Dann schloß er seine großen Augen zum letzten Mal.

Wir haben einen guten und lieben Gott gehabt, der uns über vieles hinweg geholfen hat. Nun bin ich 81 Jahre geworden. Das war ja ein kleiner Abschnitt meines Lebenslaufs.

Elise Brandt, d. 19. September 1930

---

[73] „Schlosser Max Madsen Brandt in Tondern 35 Jahre alt", Sterbedatum 13.3.1917, Beerdigung 16.3.1917. „Rede in der Kirche", Tondern Kirchenbuch, Beerdigungsregister 1917, Nr. 16.

8.   1770-1880 – Madsen-Familie in Møgeltønder

Über 100 Jahre und vier Generationen währt die nachweisbare Geschichte dieses Familienzweiges Madsen in und um Møgeltønder und Østerby. Elise Madsen, geboren 1849, wuchs hier mit ihren Erinnerungen und in vierter Generation auf. Ihr Urgroßvater Mads Tychesen bildete die erste. Er muß um 1736 geboren sein. Er und seine Frau sind im Kirchenbuch von Møgeltondern 1775 als Eltern von „Hans Hinrich, Matz Tychesen og Hanna Marie Matzes Søn ved Aaen, fød d. 11 og døbt d. 19. July ..." verzeichnet.[74] In seinem Sterbeeintrag vom August 1780 wird sein Alter mit 43 Jahren genannt.[75]

Wo er herkam, ist nicht bekannt.

Im Møgeltønder Kirchenbuch ist für die Zeit um 1736 keine Geburt verzeichnet, die auf einen Matz Tychesen passen könnte. Auch in den benachbarten dänischsprachigen Kirchspielen Daler und Visby findet sich kein solcher Eintrag, wie der Verfasser aus den im Internet einsehbaren Kirchenbüchern festgestellt hat.[76] Für die Zeit um 1735 hatte die Fehlanzeige wie jetzt der Autor schon um 1980 der Tonderaner Genealoge Dr. Max Rasch festgestellt.[77] Auch eine Heirat ist von Matz Tychesen im Møgeltønder Kirchenbuch für die Zeit von 1760 bis 1769 nicht verzeichnet. Das Fehlen ist erstaunlich, weil ja Matz Tychesens Ehefrau von der Warft Lyst (Lust) kam, die zur Kirche in Møgeltønder gehörte. Da Lyst an Ruttebüll und Hoyer angrenzt, hat der Autor auch für das deutschsprachige Højer Kirchspiel die Geburts- und Hochzeitseinträge 1736 +/- 2 Jahre und von 1760 bis 1762 eingesehen – ohne fündig zu werden. Der Autor hat auch für den mutmaßlichen Sohn Bertel Madsen, dessen Sohn Johann (*1794) später Organist in der Møgeltønder Kirche wurde, für dessen Geburtsjahr um 1764 gesucht: auch er ist nicht in den Kirchenbüchern für Møgeltønder verzeichnet. Bertel wie auch Johann tauchen bei mehreren Kindern und Enkeln von Hans Hinrich Madsen als Zeugen bzw. Paten auf. Es kann also sein, dass Matz Tychesen von einer anderen Gegend in dieses Gebiet kam.

Sein Sohn Friderich (Frederik) Madsen ist mit der Geburt 1770 vorerst der früheste im Kirchenbuch nachweisbare Madsen im Gebiet Møgeltønder – und zwar Ved Åen.

Die Familie wohnte offenbar vom Beginn ihres urkundlichen Erscheinens an in dieser Region an der Wiedau – ved Åen. Matz, Sohn eines Tyche oder Tycho oder Tyge oder Tügge, war Bauer, Hofbesitzer – gaardmand -, kein Fischer, trotz der Lage am Fluß. Name und Beruf sind für das 18. Jahrhundert noch nicht in einer Urkunde zusammen

---

[74] Møgeltønder kirkebog. Aa 2, fødte 1775, Landsarkivet Åbenrå
[75] 1730-1792 Møgeltønder kirkebog, døde, 1780 Nr. 35, www.arkivalieronline.dk, opslag 614, Okt. 2012
[76] Stand Oktober 2012
[77] Auftragsarbeit durch den Autor, schriftliche und mündliche Ergebnisse

genannt: Die Geburtseinträge von 1770 und 1775 für die Söhne Friederich und Hans Hinrich benennen nur ved Åen, aber nennen keinen Beruf des Vaters, sein Sterbeeintrag von 1780 ebenfalls nicht. In der Volkszählungsliste von 1787 aber ist für Matz Witwe angegeben, Inhaber eines Hofes zu sein: "Fæsten af Herregaards landeie", „Eigentümer" eines Pachthofs. Die Erläuterung dazu findet sich bei Trap in seinem Buch zum Tønder Amt über Schackenborg: „1770 bewilligte der König, dass die Bauern ihre Höfe als Eigentumspachthöfe überlassen bekommen konnten, und sie konnten sich von der Fronarbeit dadurch befreien, dass sie eine jährliche Abgabe leisteten und in den Eigentümerwechsel einwilligten."[78] Und C.P. Rasmussen ergänzt: „Gleichzeitig wurden die Haupthöfe parzelliert und als neue Höfe und erbfest in der Weise verkauft, dass der Meistbietende Eigentümer wurde."[79] Einer der Käufer war vermutlich Matz Tychesen. In den Protokollen des Schackenborg Gutsarchivs im Landsarkiv Apenrade konnte der Verfasser Matz Tychesen allerdings nicht ausfindig machen.

1801 am Neujahrstag stirbt dann Matz Tychesens Witwe Hanna Marie. Die noch unverheirateten Madsen-Kinder Anna, Friederich, Hans Hinrich sowie Christiane werden einen Monat später in der Volkszählung vom 1.2.1801 auf demselben Hof als Bewohner aufgeführt, der Älteste, Friederich, als Gaardmand=Bauer.

Gårdmænd waren sie nicht mehr lange. Ab 1801/1806 bestimmen die Madsen-Brüder und ihre Ehefrauen die „Kneipenwelt" in Møgeltondern.

So war auch Elise Madsen-Brandts Großmutter fast ihr ganzes Erwachsenenleben lang Krowirtin, im Schloßkrug – Slotskro. Und sie findet man in ihren Erinnerungen wieder: „Wir konnten ja oft Großmutter in Møgeltønder besuchen. Denn damals war es ja nicht so schlimm, ein kleines Stück Weg zu laufen. Großmutter besuchte uns auch oft. Ich kann sie so gut erinnern, wenn sie in ihrem selbstgewebten Kleid kam, einem kleinen Strohhut, weißen Strümpfen und schwarzen Bastschuhen. So kam sie und strickte Strümpfe. Sie kam immer zu Fuß. ... Diese Wanderungen machte sie, so lange sie konnte." Das schrieb Lise über ihre Großmutter für das Jahr 1855 (s. S. 44f). Im Jahr darauf, am 7. November 1856, schrieb eben diese Großmutter Christiane Madsen-Linnet an die Administration der Grafschaft Schackenborg: „Da ich nun in einer Reihe von mehr als 50 Jahren im Besitz des Mögeltönder Schloßkrug bin, freue ich mich auf die weiteren Jahre und möchte ein ruhigeres Leben haben; deshalb habe ich beschlossen, den Slotskro zu verkaufen ... ."[80]

---

[78] Trap, Tønder Amt, S. 642; hier: Übersetzung, Original im dänischen Text oben S. 33
[79] Rasmussen, Schackenborg Gods, 98, 102, hier: Übersetzung, dänisches Original oben S. 33
[80] Christiane Linnet, Brief im Schackenborg Godsarkiv, Ejendomssager Slotskroen, Landsarkivet Åbenrå, Mai 2013, hier: Übersetzung, dänisches Original oben S. 34

Die beiden größten Kro gehörten also den Madsen-Brüdern und später ihren Witwen für die ersten 50 bis 60 Jahre des 19. Jahrhunderts: Dem älteren Friederich der Vesterkro und Hans Hinrich der Schloßkrug, „Slotskro". „Kro" – in Schleswig-Holstein im deutschen Sprachgebiet gibt es den „Krug" als „Dorfkrug": Schänke, Übernachtung und Treffpunkt – bedeutet im dänischen Kneipe, Gaststätte und Pension in einem.

Kurz vorher, 1787, hatte Møgeltønder sieben Krowirte, 1860 nur noch zwei.[81] Heute, 2013, gibt es nur noch den Slotskro, und den Vesterkro.

Möglicherweise war auch der dritte Madsen-Kro jener Zeit noch ein „Familienkro": Der ältere Bertel Madsen war vermutlich ein weiterer Bruder oder doch wenigstens ein naher Anverwandter. Bertel Madsen, damals 37 Jahre alt, wird 1801 für das Haus Slotgade 43 (Volkszählungsnummer) als Husbonde und Kromand bezeichnet, am Ende seines Lebens als wærtshusholder und Landwirt (jordbruger) in Altona.[82] Altona ist der einzeln liegende Hof auf dem Wege von Tondern nach Schackenborg/Slotsgade.

In den Urkunden des Madsens-Zweiges Hans Hinrich erscheint ab 1806 der Kromand=Gastwirt.

Hans Hinrich Madsen, Lises Großvater, lebte bei den Geburten seiner Kinder zwischen 1806 (Mads) und 1828 (Henriette Christiane) und bei seinem Tode 1830 immer in der Slotsgade in Møgeltønder.[83] „Kromand i slotgaden" ist zu lesen 1815 (Geburt Christine), 1821 (Friederich), 1823 (Agatha Caroline) und 1828 (Henriette Christiane). Lise schreibt, ihr Vater sei 1806 im Schloßkrug geboren worden. Ob das wirklich schon für Mads Madsen galt – geboren im Januar 1806 -, ist nicht sicher. Als Wohnort steht zwar Slotsgade eingetragen, nicht aber wie später auch „kromand". Hans Hinrich Madsen muß also zwischen 1801 und 1806 von der Wiedau nach Møgeltønder gezogen sein. Vermutlich war das 1805, anlässlich seiner Heirat. Als Eigentümer des Grundstücks Slotsgade 42, dem Slotskro, wird er ab 1806 verzeichnet.[84] Der Heiratseintrag im Kirchenbuch nennt weder Beruf noch Wohnung noch Herkunft. Sein Kaufvertrag datiert vom 28. Juli 1806, mit einem Preis von 21 Reichstalern courant und einer jährlichen Abgabe (Kanon) von 6 Rtl 12 Schilling Species.

Von 1834 bis 1860 wird seine Witwe mit ihrem zweiten Ehemann als Eigentümerin genannt: „Andreas Petersen Linnet(s enke), kromand og gårdmand"[84] Vier Jahre nach

---

[81] Mogeltønder, Slotsby og Bondeby, gemäß Volkszählungslisten, 23/24
[82] Im Buch Møgeltønder, Slotsby og Bondeby, wird er bei keinem Grundstück als Eigentümer aufgeführt.
[83] Møgeltønder kirkebog, døde, 1830, , www.sa.dk, opslag 357 sowie für die Geburten Møgeltønder kirkebøger døbte, www.sa.dk, 1813 Nr. 4 opslag 170; 1815 Nr. 13 opslag 31; 1821 N. 6 opslag 22; 1823 Nr. 15 opslag 53; 1828 Nr. 19 opslag 130.
[84] Møgeltønder, Slotsby og Bondeby, 161

Hans Hinrichs Tod 1830 war Lises Großmutter Christiane wieder verheiratet. Ihr zweiter Mann Andreas Petersen Linnet kaufte den Slotskro mit Vertrag vom August 1834. Und Lise erzählt nicht vom Slotskro, aber einmal vom Vesterkro.

Vier Jahre nach Hans Hinrichs Tod findet 1834 auch die nächste Volkszählung statt. 1834 sind „Madsen" mit Kro und Wirtshaus gut vertreten in dem Ort. Genannt werden: Christiane Madsens neuer Ehemann Andreas Petersen Linnet als wærtshusholder (Volkszählungsnummer 2. Haus), ihre Schwester Sophie Botille, die mit Hans Hinrichs inzwischen verstorbenem Bruder Friederich verheiratet war, als wertshusholderske (Volkszählungsnummer 113. Haus), Bertel Madsen als Witwer und wertshusholder (Volkszählungsnummer 119. Haus).

Der Schloßkrug war zu den Madsen-Zeiten noch ein Fachwerkhaus, 16 Ständer, Strohdach, mit zwei Anbauten. Bis 1855, lange nach Hans Hinrichs Tod, war das Haus mehrmals erweitert worden. Nachdem die Familie das Haus spätestens 1860 abgegeben hatte, gab es in Møgeltønder in der Schloßstraße am 18./19. September 1861 den großen Stadtbrand; die nördliche Straßenseite vom Schloßkrug bis zur Mitte der Straßenreihe brannte nieder. Der heutige Slotskro entstand noch 1861 nach dem Brand.[85]

Dasselbe Schicksal ereilte auch den Vesterkro. Das Fachwerkhaus aus der Madsen-Zeit brannte im Herbst 1862 ab und das heutige Gebäude am Sønderbyvej 1 wurde 1863 errichtet.[86] Lise berichtet in ihren Erinnerungen einmal vom Vesterkro: Schwester Lene band den Erntekranz – das muß 1862 gewesen sein, also kurz vor dem Brand. Auch wenn für dieses Jahr kein „Madsen" mehr als Eigentümer verzeichnet ist, dürfte die Eigentümerin Hanne M. Møller doch in einer nahen Beziehung zur Familie gestanden haben.[87]

Der Autor ist den genealogischen Spuren der Besitzverhältnisse allerdings nicht im Detail nachgegangen, sondern hat sich weitgehend auf die Angaben in Møgeltønder, slotsby og bondeby, gestützt.

Lises Vater Mads Madsen ist dann offensichtlich nicht in die Fußstapfen des Gastwirts getreten sondern wieder Landwirt geworden. Schon bei seiner 1. Heirat 1832 wird er als Landmann aus Gammeldig (ungkarl Gammeldig, landman) aufgeführt,[88] zwei Jahre später bei der Volkszählung 1834 für Gammeldig, ved Åen, Haus Nr. 142 als Landwirt (jordbruger), 1843 bei seiner 2. Heirat als Hofbesitzer, gaardmand, auf Gammeldig.[89] Nach Lises Erinnerungen verkaufte ihr Vater dann 1855 den Hof auf Gammeldig und

---

[85] Møgeltønder, Slotsby og Bondeby, 26, 161
[86] Møgeltønder, Slotsby og Bondeby, 208
[87] Møgeltønder, Slotsby og Bondeby, 210
[88] Møgeltønder kirkebog, viede 1832 Nr. 7, www.sa.dk, opslag 309
[89] Møgeltønder kirkebog, viede, 1843 Nr. 2

erwarb die Heide-Landstelle in Østerby, heute Nørrehedevej 19, damals unter der Jurisdiktion von Tønderhus.[90] Ab 1856 wird Mads Madsen dann nur noch als „husmand" bezeichnet – das entspricht dem deutschen Kätner oder Häusler oder heute dem Kleinbauern.[91]

Mit seinem Tod 1859 und dem „Flytten" aller seiner Kinder nach Tondern in den Jahrzehnten darauf endet dann die Geschichte dieses Zweiges der Familie Madsen in Møgeltønder und Umgebung.

Das Leben dieser Generationen war in viel stärkerem Maße bestimmt vom Wasser als heute. Winterliche Überschwemmungen und zugefrorene Fennen zwischen Tondern und Hoyer, zerstörerische Hochwasser und Sturmfluten waren normal. Die heutige Topographie gibt nicht wieder, in welcher Umgebung die Menschen um 1800 oder 1860 lebten. Der Deichschutz war unzureichend. Noch Lise berichtet in ihren Erinnerungen, wie die Sturmflut 1879 bis in ihr Haus in der Popsengade in Tondern eindrang – dort, wo heute der Kongevej um die Innenstadt herumläuft. Noch bis zum Deichschluß des fremskudte dige bei Hoyer in den 1980ern mußten Tondern und Umgebung bei Sturmflut evakuiert werden, z.B. noch 1976. Der davor bestehende Seedeich bei Hoyer - Højerdiget – stammt erst aus dem Jahre 1860. Bei seinem Bau gab es eine verheerende Sommersturmflut. Zu Anfang der Madsen-Zeit an der Aue gab es von 1791-1794 jedes Jahr Sturmfluten.[92] Noch (oder: schon) Lises Großvater Hans Hinrich Madsen wuchs also an der Aue und in Møgeltønder in einem Gebiet auf, das vom Wasser geprägt war:

Auf der Internetseite von Kulturarvstyrelsen heißt es über das Leben der Marschbewohner: „Bis zur Eindeichung am Ende der 1920er Jahre wurde die Marsch in jedem Winter und in regenreichen Sommern unter Wasser gesetzt. Die Überschwemmungen machten die Marsch unpassierbar und konnten die Ernten vernichten. Flußdeiche schufen in Verbindung mit Pumpen und einem sinnvollen System von Kanälen die Grundlage, die Marsch trockenzulegen und das Wasser in die Wiedau abzuleiten. Die Eindeichung der Tonderner Marsch änderte vollständig die Grundlage für Mensch und Natur. Höfe, neue Stadtteile und Häuser wurden auf altem Marschgrund errichtet...

---

[90] Mitteilung Landsarkivet Åbenrå, Mai 2013
[91] Daler kirkebog, fødte, 1856 Nr. 6 (Caroline)
[92] Angaben zu Deichen und Sturmfluten: Flyer Sønderjyllands Amt, Teknisk forvaltning, August 1993 „Det fremskudte dige og Vidåslusen".

Die Warften gehören mit zu den ältesten Wohnformen in der Marsch. Sie wurden über Generationen ständig immer und immer wieder erhöht ... ."[93]
Und in „Møgeltønder, Slotsby og Bondeby" heißt es zu den Überschwemmungen bis zur Eindeichung in den 1920ern u.a.:[94] „Man musste von den Höfen Ved Åen das Boot nehmen, wenn man zu den Warften wollte und wenn man z.B. nach Møgeltønder wollte oder von dort zu `de åblinger`. Bei Frost musste man solange ausharren, bis das Eis einen tragen konnte, so dass man sich mit Schlitten oder Schlittschuhen fortbewegen konnte. ... Zeitweise gab es auch Überschwemmungen in regenreichen Sommern und die Bauern von Møgeltondern hatten große Mühe, die Heu- und Getreideernte einzubringen."
Wie die Marsch geschützt bzw. nicht geschützt war, zeigen die Deichlinien der Vergangenheit. Der alte Verlauf der Wiedau ist auf der farbigen Karte im dänischen Textteil auf S. 37 zu sehen.[95] Daraus wird deutlich, dass die Höfe Sødamgård, Fællesværre (Felswarft) und auch Lyst - die alle mit der Madsen-Familie zu tun haben - dem alten Lauf der Aue folgen und zu Recht den „Siedlungsnamen" Ved Åen tragen. „Gammeldiget", wo Lise geboren wurde und Vater Mads Madsen seinen Hof hatte, wird dann nicht ved Åen sondern am alten oder vielmehr „neuen", d.h. später errichteten Fluß-Deich von 1553 gelegen haben.

Die Veränderung der Landschaft zeigt sich deutlich an den drei Karten von Meier 1648, du Plat 1805, Geerz 1863 zu dem heutigen Zustand. Die Karten sind auf den Seiten 38/39 im dänischen Textteil wiedergegeben.
Den heutigen Zustand zeigt die Karte auf S. 4 und im Ausschnitt S. 45.

---

[93] Übersetzung des Textes aus http://www.kulturarv.dk/vadehavet-kulturarvsatlas/bebyggede-strukturer/niveau-2-de-store-landskaber/toendermarsken/, Oktober 2012, Original oben S. 36
[94] Møgeltønder, Slotsby og Bondeby, 28, hier: deutsche Übersetzung, Originaltext oben im dänischen Text, S. 37f
[95] Meesenburg, Bebyggelse ved Marsk og Vade, S. 8

9. Høgsbro – Hvidding: Theodor Brandts havedyrkning = Gartenanlage

Aus Theodor Brandts Buch:
Auf den Seiten 59 ff beschreibt er, wie er das kleine karge Stück Heide bei Hvidding in kurzer Zeit in einen blühenden Gemüsegarten verwandelte.

Lises mand Theodor Brandt beskriver i sin bog fra siderne 59, hvor det lykkedes ham i kort tid, at forvandle et tørt stykke hedeland til en kæmpe blomster- og grøntsagshave – tæt ved grænsestationen Høgsbro-Hvidding.

Høgsbro idag fra nord

Høgsbro heute von Norden kommend

Foto Mai 2012

Schluß.

Geehrter Leser, ich habe allerdings lange gezaudert, diesen Schlußartikel zu schreiben. Nur einzig und allein die redliche Absicht, Anleitung zu geben, sowie Berichte über meine geglückten und mißglückten „Proben und Versuche" hier niederzuschreiben, bestimmten mich dazu.

Inwiefern man auch auf dem allerunfruchtbarsten, freiliegenden Haideland mit Vortheil der Natur und dem Lande Etwas abringen kann, theile ich dem genausten Sachverhalte nach Folgendes mit.

Den 1. April 1880 trat ich als Grenzbeamter meine Stellung in Höxbro an. Meine Wohnung liegt scharf auf der deutsch-dänischen Landesgrenze. Zu der Wohnung gehört ein Stück Haideland. Wäre es noch humoser Sandboden gewesen, so wäre die Sache für einen Gärtner noch nicht so triste.

²/₃ ist jedoch der reine Flugsand. Der Nordseestrand befindet sich eine halbe Stunde von hier. Alles liegt frei ohne Schutz, sowohl Haus als Haide. Stürme habe ich im Frühjahr I. Qualität hier gehabt. Oft war die Luft zeitweise mit Sand gemischt und rieselte in kurzer Zeit zollweise hernieder! Am Hause liegen circa 6 Morgen Land, auf dem ein paar Schafe sich nur kümmerlich nähren konnten. Da das Gemüse hier enorm theuer, obendrein nur mit Weitläufigkeiten fürs Geld zu beschaffen ist, so entschloß ich mich, Alles aufzubieten und „Versuche" zu machen. Zum Glück fand ich von früherer Zeit eine Grube mit circa 2 Fuhren alter Torfasche vor. Ungefähr eine Viertelmeile davon befindet sich eine Mergelgrube, ich holte mir 2 zweispännige Fuhren, streute den Mergel glatt aus, so daß er bei trockenem Wetter bald zerbröckelte. Hierauf vermischte ich den Mergel mit der Asche. Einige Karren Kuhdünger, welcher mir überlassen wurde, that ich in Tonnen und löste ihn in Wasser auf. Diese kräftige Jauche schüttete ich über die Mischung hinweg und arbeitete das Ganze mehrmals um. Daß ich ganz vorzügliche Düngung für meine Haide hatte, war mir gut bewußt; aber ich gedachte einer anderen Stelle: „Ach Herr, was ist das unter so Viele". Meine Vorgänger haben allerdings auch Gemüse angebaut, öfters aber, namentlich Kartoffeln ebenso reichlich und noch größere Knollen eingelegt, als geerntet. Hätte ich das Land im Herbste umgraben können, so wäre wenigstens die Feuchtigkeit hineingedrungen; aber unter diesen Verhältnissen flog der Staub unter dem Spaten fort.

Nach einem durchdringenden Regen ging ich schnell ans Säen und Pflanzen. Kartoffeln pflanzte ich, indem ich die Löcher auswarf und in jedes Loch einen Spaten voll von der Mischung hineinthat.

Zu Wurzelgemüsen, wie Karotten und Petersilie, grub ich von der Mischung unter.

Zu Sauerampfer, Radies, Salat, Zwiebeln, Porree ꝛc. machte ich die Beete ohne vertiefte Furchen zurecht, brachte 4 Zoll Mischung auf die Beete und hackte sie handbreit unter. Nachdem ich den Saamen eingesäet hatte, schlug ich vermittelst eines Brettes den Sand fest und brauste tüchtig das Ganze mit der Gießkanne an.

Zu Erbsen, niedrige Buxbaum, machte ich Rillen und füllte ebenfalls den Dungstoff hinein. Gegossen habe ich jede freie Stunde, damit das Ganze keimte; dabei hatte ich nur kaltes Brunnenwasser, welches erst in Tonnen vorher sich erwärmen mußte. Ich habe solch ein gutes und reichliches Gemüse geerntet, daß ich selbst in meinen kühnsten Erwartungen übertroffen bin. Nur Krupbohnen sind mißrathen und Radiese waren holzig.

Kartoffel habe ich 4 Sorten gepflanzt. Snowlake, (import.), extra, hochfeine, frühe Tafelkartoffel. King of the Earlys, (import.), länglich, rosenrothe, sehr gute Sorte. Blaubunte Sechowochen, die mehligste und ertragreichste. Hamburger Tafelkartoffel, zwar früh, aber nicht geeignet.

Allerdings war der Sommer bis dato in Nord-Schleswig so warm und schön, wie er nicht besser sein konnte, ich habe aber auch auf gutem, fruchtbaren Gartenlande bisweilen nicht mehr und bessere Kartoffel gebaut, als in diesem „simpeln" Haideland.

Schließlich noch Folgendes: Da sich Ende Mai warmes Wetter einstellte, ich in Mußezeit einen verfallenen Erdwall aufrichtete und sich in dem Winkel des Walles die Wärme ansammelte, so kam ich auf die Idee, mich sogar auf „Gurken" zu versteigen. Aber hier fand ich doch Bedenken.

1. Haideland und Sand zu Gurken.?
2. Die freie Lage?
3. Besaß ich keinen Landgurkensaamen, jedoch hochfeines Sortiment Mistbeetgurkensaamen.

1. Rollisons Telegraph, 26 Zoll lang.
2. Noahs Treibgurke.
3. Chinesische, grüne Schlangen.
4. Weiße Riesen aus Nubien.

Letztere anzupflanzen hielt ich für Landverschwendung.

Zwischen einer Mistbeetgurke aus Nubien und Haideland in Nordschleswig liegt doch ein zu starker Kontrast. Die Aussaat von Nr. 4 unterließ ich. Jeder Kenner von Gurkenkultur weiß, daß diese Sorten für das freie Land nicht eignen. Jedoch ich versuchte es, setzte in dieser Ecke eine 1 m breite Terrasse innerhalb des Walles auf, die Außenseite mit Haidesoden aufgepackt. Die innere Mischung war Folgende: Ungefähr ¼ war

Torf- oder Moorerde, ¹/₄ Torfasche, ¹/₄ mergelhaltiger Lehm, ¹/₄ Kuhdünger und Chausseeschlamm. Auch goß ich verschiedene Kannen Kuhdüngerjauche darüber. Ein paar Tage darauf legte ich die Kerne. Dieselben liefen vortrefflich auf.

Zur Zeit, den 5. September, da ich dieses schreibe, habe ich die Haupternte gehalten. Circa 40 Gurken a 2 Fuß lang, zusammen reichlich 30 Kilogramm wiegend, citronengelb. Noch liegen ebenso viel kleinere und mittlere Gurken, aber die Kraft ist erschöpft. Jetzt habe ich vorsichtig eine zweite Düngung gethan, weit ab vom Stamme. Behalten wir noch ein paar Wochen leidlich Wetter, so habe ich noch gute Aussichten. Das Laub ist sehr groß und hat eher Aehnlichkeit mit Kürbiß. Die Ranken kriechen längst dem Erdwalle. Ganz kleine, zolllange Gurken sind Hunderte vorhanden, so daß ich, abgesehen von Allem, die Endspitzen der Ranken zurückgeschnitten habe, um nicht das Bischen Kraft in zahllose Ranken vergeuden zu sehen. Wie vorhin erwähnt, hatten wir dieses Jahr hier warm und trocken, einen richtigen „Gurken-Sommer".

Daher, hochgeehrter Leser, fort mit Vorurtheilen über Klima und Land! Nichts ist so wunderlich, oft scheinbar unglaublich und unausführbar, als daß wir sagen dürfen ohne zu prüfen: „Das lohnt gar nicht, die Probe zu machen".

Dansk oversættelse:

Schluß   Slut

Kære læser, jeg har længe ventet med at skrive denne slutartikel. Men jeg følte trang til at skrive mine dels mislykkede og lykkede prøver og forsøg ned - Hvordan man med fordel kann dyrke på det mest ufrugtbare hedeland.

Den 1. April 1880 begyndte jeg som grænsebetjent i Höxbro. Min lejlighed lå lige ved den dansk/tysk landegrænse og dertil hørtet stykke hedeland. For en gartner ville det være nemmere med en humusholdig jord. 2/3 er det rene flyvesand. Vesterhavet lå en halv time herfra og alt lå frit såvel hus som hede. Stærke forårsstorme har jeg haft, så der føg med sand. Ved huset lå ca 3 tønder [6 Morgen] land, hvor vi græssede nogle får. Grøntsager var her meget dyre, så jeg besluttede, at lave nogle forsøg. Jeg fandt fra tidligere tid et jordhul med tørveaske og ¼ mil derfra en mergelkule. Jeg strøede det ud på mit land og blandede det med tørveaske. Derefter kom der komøg opløst i vand derpå. Nu vidste jeg, at jeg havde perfekt gødning til mit hedeland. Før min tid havde man ogsa dyrket grøntsager, særligt kartofler. Kunne jeg have gravet om efteråret, ville fugtigheden komme ned i jorden, men nu føg det med sand ved hvert spadestik.

Efter en god regn såede og plantede jeg. I hvert hul til kartoflerne kom der lidt af gødnings-blandingen i, og det samme ved rodfrugterne. De forskellige grøntsagsfrø strøede jeg ud på bedene og lagde et læg af gødningsblandingen derover, hakkede det sammen og stampede fladen med et bræt eller spade. Derefter blev stykket vandet med vandkanden.

Til ærter og buksbom lavede jeg riller og fyldte ligeledes gødningen i før jeg plantede. I hvert frie minut var jeg ude at vande. Vandet samlede jeg i store tønder fra et brønd. Efterhånden avlede jeg mod min forventning gode grøntsager – kun en slags bønner og radiser blev ikke gode. 4 slags kartofler fra gode faste spisekartofler til mere melede foderkartofler kunne jeg høste, men sommeren havde også været varm og dejlig i Nord-Slesvig som sjældent før. Min kartoffelhøst var lige så god på den magere hedejord som for på den frugtbare havejord. Da det blev varmt i maj gravede jeg en jordvold, hvor jeg i læ af vindt og vejr begyndte ar dyrke forskellige slags agurker. Nogle af dem var ikke egnede til vort klima, sa jeg lavede højbede med en blanding tørve- eller mosejord, tørveaske, mergelholdigt ler, komøg og slam. Til sidst hældte jeg ajle over. Nogle dage senere sætte jeg frøene.

For tiden, den 5. September, har jeg høstet ca. 40 agurker – 2 fod lange, tilsammen ca. 30 kg – citrongule, og det er stadig nogle tilbage. Jeg har gødet lidt og skåred rankerne tilbage, så kraften går til agurkerne og ikke i det store grønne planter. Hvis vejret holder nogle uger endnu, vil min agurkehøst blive endnu større – vi har haft en rigtig agurkesommer.

Derfor, kære læser: Ingen fordomme over klima og land! Der er ikke noget så umuligt, at det ikke er værd at prøve en indsats.

10. Epilog

Som sluttet hører hertil en eventyrlige historie kendt i familien. Autoren har hørt denne ballade fra sin tante Mine Steffen i 1970erne. Og Mine var en niece til Lise Madsen-Brandt, datter af Lises søster Caroline. Og Mine havde i sin ungdom arbejdet i Møgeltønder som husbestyrerinde og havde måske endog en forbindelse til denne historie.

„En af hendes forfædre var udvandret til Amerika, langt ind i landet, hvor der var megen skov. Der havde han giftet sig med en negerdronning. En dag kom han tilbage til sin hjemmestavn. Han havde en stor skat af guld og sølv, som så kom til Møgeltønder. Og fordi han var bange, havde han gravet skatten ned i Møgeltønder. Den er aldrig blevet fundet, har hun fortalt. En anden gang fortalte hun, at en, der ikke hørte til familien, havde stjålet skatten. Så vidt den "fine" historie.

Med hensyn til "skoven" kan noget påvises: En stor del af de mennesker, der fra Slesvig og Holsten og enklaverne udvandrede til Amerika, tog til Nebraska, Iowa, Illinois – til skovrige egne …

Som ved ethvert sagn, der kan jo være "noget" om historien. Måske bare, at en familiemedlem efter år kom tilbage fra Amerika, var blevet rig og ville ikke afgive noget af sin rigdom? For mange år siden havde forfatteren kontakt med lærer og lokalhistoriker H.J. Gläser fra Møgeltønder. Han havde ikke fundet ud af noget om historien. Men de eneste, der udvandrede til Amerika og kan komme på tale, er Hans – Hendrik Madsen og måske en Pauline Steffen, gift Naumann, men kun Hans–Hendrik havde forbindelse til Møgeltønder."[96] Men udvandret er også Frederik Sønniksens søn Fritz Sønnichsen (*1866), barnebarn til Anna Madsen-Sønnichsen fra Sødamgård: Anna Lises tante og Frederik Lises cousin.[97]

Als Schluß gehört an diese Stelle eine eigenartige Geschichte, die der Autor in den 1970ern von seiner Tante Mine gehört hat. Mine war eine Nichte von Lise Madsen-Brandt, Tochter von deren Schwester Caroline. Und Mine hatte einen Teil ihrer Jugend als Hausbediensete in Mögeltondern zugebracht und hätte so auch noch eine Beziehung zu solch einer Geschichte.

„Einer ihrer Vorfahren war nach Amerika ausgewandert, nach weit drinnen, wo viel Wald war. Da hatte er eine Negerkönigin geheiratet. Eines Tages kam er zurück in seine Heimat. Er hatte einen großen Schatz mit viel Gold und Silber, das dann nach Mögeltondern kam. Und weil er Angst hatte, hatte er den Schatz in Mögeltondern

---

[96] Udsnit fra/Ausschnitt aus „Steffen smedjen i Tønder – Schmied Steffen in Tondern", S. 194/95, Norderstedt, 2011, von Carsten Stern, dänische Fassung von Jytte Lauridsen, Brande

[97] E-mail m. efterkommeren/Nachfahren Ken Wedding in Maine, USA, Oktober 2012.

vergraben. Er ist nie gefunden worden, hat sie einmal erzählt. Ein anderes Mal erzählte sie, den Schatz habe einer an sich gerissen, der nicht aus der Familie kam. Soweit die „schöne" Geschichte. Mit dem „Wald" ist immerhin auf eines zu verweisen: Ein sehr großer Teil der Menschen, die aus Schleswig und Holstein und den königlichen Enklaven in die USA auswanderten, gingen nach Nebraska, Iowa, Illinois – in waldreiche Länder.

Wie an jeder Sage kann ja „etwas dran" sein, an der Geschichte. Vielleicht auch nur, dass ein Familienmitglied nach Jahren aus den USA zurückkam, reich geworden war und von seinem Reichtum nichts abgeben wollte? Vor vielen Jahren hatte der Autor Kontakt mit dem Lehrer und Lokalhistoriker H.J. Gläser. Er hatte zu der Geschichte nichts herausgefunden. Aber die einzigen, die nach Amerika auswanderten und in Frage kämen, sind Hans-Hendrik Madsen und vielleicht eine Pauline Steffen verheiratete Naumann und nur Hans-Hendrik hatte eine Beziehung zu Mögeltondern."[96] Aber ausgewandert ist auch Frederik Sønniksens Sohn Fritz Sønnichsen (*1866), Enkel von Anna Madsen-Sønnichsen aus Sødamgaard, Anna war Lises Tante und Frederik ihr Cousin, Fritz ihr Neffe in der gleichen Altersgruppe wie sie.[97]

Tillæg

Anhang

Folketællinger i kongeriget – Volkszählungen im Königreich

Siden 1787 er der regelmæssigt blevet indsamlet personoplysninger om bopæl, navn, alder, civilstand og erherv i kongeriget/kongerigske enklaver og i hertugdømmerne Slesvig og Holsten. De fleste folketællingslister for tiden tilbage til 1834 og for sognerne Møgeltønder, Daler og Visby findes i Dansk Demografisk Database (DDD) i internettet. For tiden længere tilbage har autoren opført lister, han har selv optaget i Landsarkivet Åbenrå i 1980erne.

Pga. af oversigten er de to første oversigter fra Elise Madsens direkte slægt: Først familien af hendes bedsteforældre 1834 og 1850 [bemærkning: hendes farfar Hans Hinrich Madsen døde 1830 - Mads Madsen var deres første børn - og hendes farmor var gift igen, med Andreas Petersen Linnet.]. Sådan kommer oversigter for Mads Madsens familie samt familien af hans søster Anna på Sødamgård. Derefter kommer oversigter fra autorens optagelser for Ved Åen og tiden tilbage til 1787, og fra 1840 fra Dansk Demografisk Database i internettet.

Intervaller for de forskellige folketællinger i kongeriget og enklaver:
Zeitpunkte für die verschiedenen Volkszählungen im Königreich und den königlichen Enklaven:
1. Juli 1787 – 1. Februar 1801 – 18. Februar 1834 – 1. Februar 1840 - 1. Februar 1845 – 1. Februar 1850 – 1. Februar 1855.

In Dänemark wurden seit dem 18. Jahrhundert regelmäßige Volkszählungen durchgeführt. Im Königreich und den königlichen Enklaven fanden sie zu anderen Zeitpunkten als in den Herzogtümern Schleswig und Holstein statt. Für die Zeit ab 1834 kann man für die hier interessierenden Gebiete Møgeltønder, Daler und Visby die allermeisten Volkszählungslisten in der Dansk Demografisk Database (DDD) im Internet einsehen. Für die Zeit ab 1787 hat der Autor an Listen wiedergegeben, was er in den 1980er Jahren im Landsarkiv Åbenrå eingesehen hat.

Der Übersichtlichkeit halber sind nachfolgend die Eintragungen für Elise Madsens direkte Vorfahren zuerst aufgeführt: Zunächst ist die Familie ihrer Großeltern von Mads Madsens Seite in den Volkszählungslisten 1834 und 1850 zuerst aufgeführt (zur Erklärung: Mads Madsens Vater Hans Hinrich Madsen war 1830 gestorben und seine Mutter, mit Andreas Petersen Linnet, wieder verheiratet. Mads war das erste Kind gewesen), sodann Mads Madsens Familie 1834 und 1850 einschließlich der Familie seiner Schwester Anna auf Sødamgård.. Es folgen danach Auszüge aus den Aufzeichnungen des Autors zu den Listen von Ved Åen und für die Zeit ab 1834 aus DDD-Eintragungen für die Zeit ab 1840.

Mads Madsen-forældrene i folketællingerne							
		Alder	Civilstand	Erhverv		Alder	Civilstand	Erhverv
år	1834				1850			
herred	Lø				Lø			
sogn	Møgeltønder				Møgeltønder			
sted/gade	Slotgaden				Slotgaden			
Nr	hus, 2				hus, 2			
Navne	Andreas Pedersen LINNET	57	gift	Værtshus holder og gaardmand				
	Christiane PEDERSEN	49	gift		Christane PETERSEN	65	enke	krokone huusmoder
	Christian MADSEN	25	ugift	deres børn	Christoffer MADSEN	31	ugift	hendes børn
	Hanne Marie MADSEN	21	ugift	deres børn	Frederik Madsen	29	ugift	hendes børn
	Christine Madsen	19	ugift	deres børn	Agathe Caroline Madsen	27	ugift	hendes børn
	Agathe Caroline Madsen	10	ugift	deres børn	Anne Madsen	80	ugift	Mandens søster, som her i huset forsørges
	Henriette Christiane Madsen	6	ugift	deres børn	Jens Brydeboel	29	ugift	
	Anne Madsen	64	ugift	tjenestefolk				
	Hans Hansen	50	ugift	tjenestefolk				
	Hans Hinrich MADSEN	1775-1830	død	1. mand til Christiane Pedersen				

Mads Madsen - familien i folketællingerne

år / herred / sogn / sted/gade / Nr.	Alder 1834	Civilstand	Erhverv		Alder 1850	Civilstand	Erhverv		Alder 1855	Civilstand	Erhverv
	Lø Møgeltønder Gammeldige hus, 142				Lø Gammeldig gaard, 116				Lø Aaen Sjødamgaard gaard, 110		
Mads MADSEN Anne RIGGELSEN	28 gift 36 gift		Jordbruger hans kone	Mads MADSEN Else Christensen	46 gift 36 gift		gaardmand hans kone	Hans Hendrik SØNNIKSEN Anne MADSEN	57 gift 48 gift		Gaardmand hans kone
Jørgen Riggelsen	74 enkemand		aftægtsmand	Helene Christiane Madsen	16 iugift		deres børn	Frederik Sønniksen	26 ugift		deres barn
Marie Christine GREISEN	17 ugift		tjenestepige	Jørgen Riggelsen Madsen	15 deres børn			Christiane Sø.	24 ugift		deres barn
				Anne Christine Madsen	7 deres børn			Anton Sønn.	18 ugift		deres barn
				Hans Henrik Madsen	3 deres børn			Richart Sønn.	16 ugift		deres barn
				Elise Marie Madsen	**1 deres børn**			Marie JØRGENSEN	34 ugift		tjenestepige
				Hans Fred. Carstensen	21 tjenestefolk						
				Christiane Poulsen	23 tjenestefolk						

80

1787	1801	1834
Ved Aaen		
6. Fam. Laust Rethlefsen, Deichvogt	Haus Nr. 6 Laust Redlefsen	Aaen 127 Sjødam, Hans Redlefsen, 46, Anne Maria Nansen
7. Fam. Jens Jessen Toft digfogd	Haus Nr. 7 Friedrich Sonnichsen Anne ... kone, Jens Toft ...	Aaen 128,Sjødamgård Hans Hendrich Sønnichsen, 36, **Anne Madsen** kone 27, deres børn: Frederik Sønnichsen, 5, Christiane Sønnichsen3
8. Fam. **Mette Christopher, enke, Madmoder, 84, 1ste ægteskab; Hanna Maria Matzes,46**,hendes datter; Mette Matzes,17; Friedrich Matzen, 15; Anne Matzes,13; **Hans Hinrich Matzen, 11;** Christine Matzes, 9 alle: fæsten af herredsgaards landeie	Haus Nr. 8 Friederich Madsen, 30 husbonde Anna Matzdatter, 28, Schwester, **Hans Hinrich Matzen,26,Bruder** Christine Matzens,23,Schwester	
		Aaen 129 Felswarff Peter Linnet,31 Karen Andersen,32
13, Nils Nansen	Haus Nr. 13 dito	**Gammeldigen 142 Mads Madsen28,** Anna Riggelsen, 36, ...

| 14. Carsten Nielsen | Haus Nr. 14 Gammeldigen Matthias Toedsen, 63 | Gammeldigen 143 Boyens Hansen Linnet,46,aftætgsmand, Karen Petersen |

1787	1801	1834
Møgeltønder		
	Slotsgade 43 Bertel Madsen, husbonde, kromand, 37; Friderika, seine Frau, 29; Söhne: Johann, 7; Mads 3	
		30. Haus Johann Madsen, 40, Organist og skolelærer,; Christiane, kone, 46; Carl Bertel Madsen, 10
		32. Haus Mads Madsen, kniplingshandler, 36; Ingeborg Kirstine Nielsen, kone, 34; Berend Friederich, 6; Anna Pauline Wilhelmine, 1
		Haus. Nr. 113 Sophie Botille Madsen, 55, wirtshusholderske, Witwe [?30.11.1805 ∞ mit Friedrich Matzen], Anna Lene Engel, 26, tjeneste
		119 Altona C7522 Bertel Madsen, 73, Witwer, wærtshusholder

1787	1801	1834
Stokkebro		
9. Fam. **Christian Peters Tekker [?], husbruger, 37; Anne Christians, kone, 32;** deres børn: Anna Cathrina, 10; Sophia Botilla, 7; Juliana, 5; **Christiane, 1**	Haus Nr. 77 **Anne Peders,, husmoder, 48, manden paa St. Croix;** datterne, alle ugift: Anne Cathrine, 22; Sophia Botilla 21; Juliane, 18; **Christiane; 16**; Caroline, 12; Pauline 8	Haus Nr. 77 **Anne Pedersen, Witwe, 79;** Christen Christensen, 34, wirtshusmand; Anna Margarete Hermensine, seine Frau, 32; Kinder: Christian Clausen, 7; Christiane 4; Carl Hermann, 2
Gallehus		
		14. gaard Jens Christian Stind, 49, gaardmand ∞ Cathrina, 40, kone; børn: Helene, 13; Christiane, 12; Peter; 10; Christian, 8; **Matthias Stind, 2**

1840	1855	1855
Møgeltønder	**Møgeltønder**	**Visby**
Møgeltønder by, hus, 50, **Christian Petersen Madsen, 29** Husmand og tømmermand, Anne Margrethe Fohrtmann, 26, hans kone, deres børn: Frederik Madsen, 5, Bothille Sophie Madsen, 3 *Bemærkning autor: kunne være sønnen af Christiane Petersen og Hans Hendrik Madsen eller Sophie Botille Petersen og Frederik Madsen*	Møgeltønder by, hus, Nr. 46 Peter Jacobsen Boyschau, 32, uhrmager, husfader; **Agathe Caroline Madsen, 32,** hans kone *Sandsynligvis datteren af Hans Hendrik Madsen og Christiane Petersen*	Visby 2, 1 Hus, Enevold Thomsen, 46, husfader, **Hanne Marie Madsen, 43**, hans kone, fødested Møgeltønder sogn, deres børn: Christian, 14, Elise Marie, 10, Hansine Henriette, 7 Hanne Friderikke, 2 *Meget sikkert datteren af Hans Hendrik Madsen og Christiane Petersen*

Slægtstavler Madsen-familien   Stammtafeln Madsen

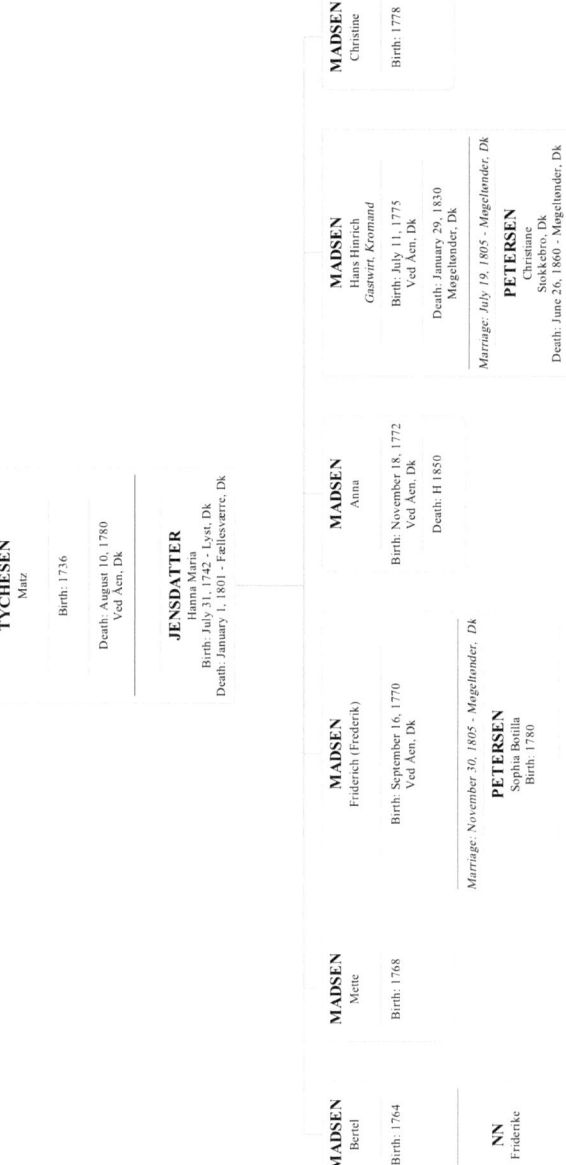

MADSEN
Hans Hinrich
Gaerter, Kromand
Birth: July 11, 1775
Vcd Aen, DK
Death: January 29, 1830
Magethender, DK

Marriage: July 19, 1695
Magethender, DK

PETERSEN
Christiane
Birth: October 12, 1785 Stokkebro, Death: June 26, 1860 Magethender

MADSEN Hanna Marie Birth: January 10, 1813 Magethender, DK	**MADSEN** Christian Birth: 1809 Magethender, DK	**MADSEN** Christiana Birth: November 24, 1815 Magethender, DK	**MADSEN** Christoffer Birth: August 1818	**MADSEN** Frederich Birth: April 14, 1821 Magethender, DK	**MADSEN** Agathe Caroline August 19, 1823 Magethender, DK Death: February 26, 1897 Magethender, DK

THOMSEN
Toersvid
(Birth: 1809)

MADSEN
Anna
Birth: November 12, 1837
Magethender, DK
March 25, 1865
Sønderujlyd

SØNNICHSEN
Hans Hendrik
(Birth: November 22, 1790 Death: July 25, 1876)

Marriage: April 5, 1850
Magethender, DK

BOYSCHAU
Peter Jacobsen
(Birth: May 15, 1825 Death: June 7, 1906)

MADSEN
Hinriette Christiane
Birth: July 11, 1828
Magethender, DK

MADSEN
Mads
Bauer-gaardmand-husmand
Birth: January 15, 1806
Magethender, DK
Death: August 8, 1859
Duerby (Dalet)

Marriage: June 30, 1832
Magethender, DK

RIGGELSEN
Anne
(Birth: 1706 Death: April 7, 1942)

Marriage: January 10, 1843
Magethender, DK

CHRISTENSDATTER
Elsa
(Birth: January 8, 1817 Dyreby (Hinne) Death: December 31, 1898 Ta-

85

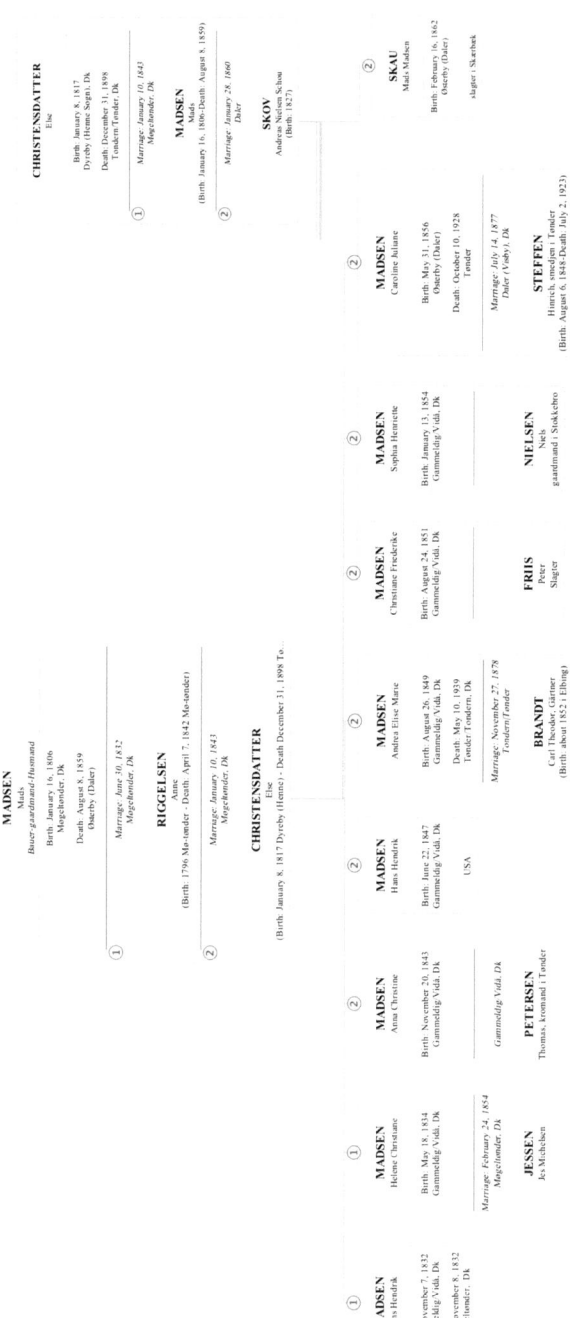

Kilder Quellen Bildnachweis Literatur

Kilder, Quellen

Landsarkivet Åbenrå, Schackenborg Godsarkiv, Ejendomssager Slotskro www.arkivalieronline.dk, www.sa.dk, kirkebøger Møgeltønder, Daler, Højer, Visby, Bredebro, 2012, 2013

Folketællingslister: http://ddd.dda.dk/asp/   1. 9. 2012

Tønder	Tønder, Højer og Lø	Møgeltønder (Kongerigsk)	1801	C0318
Tønder	Tønder, Højer og Lø	Møgeltønder (Kongerigsk)	1834	C7522
Tønder	Tønder, Højer og Lø	Møgeltønder (Kongerigsk)	1840	C7763
Tønder	Tønder, Højer og Lø	Møgeltønder (Kongerigsk)	1845	C5863
Tønder	Tønder, Højer og Lø	Møgeltønder	1850	C7058
Tønder	Tønder, Højer og Lø	Møgeltønder	1855	D4512
Tønder	Tønder, Højer og Lø	Møgeltønder	1787	
Tønder	Tønder, Højer og Lø	Visby	1855	C9613

Bildnachweis

4,11,13,17,26,28,43,44,50,69,72   Fotos: Autor

8,45   Data fra Geodatastyrelsen, Geodætisk Institut, København, 1971, Blad 1111 Tønder, 1: 50.000

10   Karte Königliche Enklaven/Kongerigske Enklaver, Sohr, Atlas der neueren Erdbeschreibung, Glogau, 1844

12   A. Møller, Både og Bådfolk, S. 85, Fiskeri- og Søfartsmuseum, Esbjerg

29,30,54 ff   Carl Theodor Brandt, Hausgärten ... , Digitalisat Humboldt-Universität Berlin, Okt. 2011

31,32   Manuskript Erindringer Lise Brandt: Fotokopie Autor

37   Meesenburg, Bebyggelse ved Marsk og vade, S. 8, Fiskeri- og Søfartsmuseum, Esbjerg

38	„Mejer". Schleswig-Holstein 1652, Die Landkarten von Johannes Mejer, Husum; Nachdruck: Verlag Otto Heinevetter, Hamburg, 1963
38	„duPlat", Landesaufnahme des Herzogthums Schleswig; Løgumkloster, Westerland, Tønder;1805; Landesvermessungsamt Schleswig-Holstein, Kiel
39	„Franz Geerz", Generalkarte von den Herzogthümern Schleswig, Holstein und Lauenburg; 1858; Landesvermessungsamt Schleswig-Holstein, Kiel
46	Postkort, Motiv Carl Tønder, Tønder Museum
55	Siegelmarke: Autor

Der Autor dankt allen Beteiligten, die Bildmaterial zur Verfügung gestellt haben. Trotz größter Sorgfalt konnten die Urheber des Bildmaterials nicht in allen Fällen eindeutig ermittelt werden. Es wird ggf. um Mitteilung gebeten.

Literatur

	Tøndermarsken: Det trykte atlas, Bebyggede strukturer, Niveau 2, De store landskaber	http://www.kulturarv.dk/ vadehavet-kulturarvsatlas, Okt. 2012
Brandt, Theodor	Die Anlage von Hausgärten in Haidegegenden Schleswig-Holsteins	Wilster, 1881
Fredningsstyrelsen Tønder Kommune	Møgeltønder - Slotsby og Bondeby	Tønder, 1985
Kunz, Harry, Steensen, Thomas (Hrsg.)	Sylt-Lexikon	Neumünster, 2002
Meesenburg, Horst	Bebyggelse ved marsk og vade, Bygd, 13. år, 3	Esbjerg, 1982
Møller, Andreas	Både og Bådfolk i marsken Fiskeri- og Søfartsmuseet	Esbjerg, 1973
Momsen, Ingwer Ernst	Die allgemeinen Volkszählungen in Schleswig-Holstein in dänischer Zeit	Neumünster, 1974
Rasmussen, Carsten Porskrog	Schackenborg Gods i: Sønderjysk Månedsskrift, 1997, 4	Aabenraa, 1997
Sohr, K. Dr.	Atlas der neueren Erdbeschreibung	Glogau, 1844
Stern, Carsten	Schmied Steffen in Todern – Steffen smedjen i Tønder	Norderstedt, 2011
Trap, J.P.	Danmark, Tønder Amt, Bind X 2, 5. Udgave	Gads Forlag, 1966

)

Fra samme autor   vom selben Autor

Steffen smedjen i Tønder
1801 – 1948
150 år smedjen i Tønder –
en families historie

dansk og tysk tosproget
264 sider, hårdbind
mange fotografier , korter og dokumenter

2011, books on demand GmbH, Norderstedt

zweisprachig deutsch und dänisch
264 Seiten, Hardcover
mit vielen Fotos, Karten und Dokumenten
Schmied Steffen in Tondern
1801 – 1948
150 Jahre Geschichte einer Familie in Tondern

Schwedenspeisung und Rotes Kreuz in Hamburg
Massenspeisungen 1946-1949
für Hamburger Kleinkinder in der Hungerzeit

160 Seiten, Hardcover
2008, Wachholtz-Verlag, Neumünster
mit vielen Fotos und Dokumenten